おいしいもの好きが集まる店の全部、自家製

野々下 レイ

講談社

すべて自家製。すべておいしい。

ガストロパブ「BESPOQUE《ビスポーク》」に人が集まる理由

東京・東中野に建つビスポークは、店主の野々下レイさんが一人で切り盛りする、カウンターのみの小さなお店です。

　東中野といっても、どんな場所かよくわからない人がほとんどでしょう。賑やかな新宿からわずか2駅とはいえ、昔ながらの飲み屋やスナックのあるごく庶民的な駅。そんな、ふらりと入るお客さんが決して多くはない場所にありながら、夜の明かりが灯り始めると、このお店には続々とお客さんたちが詰めかけるのです。

〝ガストロパブ〟とは、ガストロノミー＝美食道とパブ——言うなれば、食べものがおいしい居酒屋のこと。つまみだけでなく、こだわりの料理をいろいろ提供する店で、最近のイギリスでは多種多様なガストロパブが生まれています。この言葉の通り、ビスポークで提供しているものの多くはイギリス料理です。イギリス料理と聞いて「え？ おいしいの？」と思う人もいるでしょう。野々下さん自身、お店をスタートした当時は「なんでイギリス?!」といろいろな人に聞かれたそう。確かに、フランスやイタリア料理に比べると、おいしいイメージが少ないかもしれません。

　でも、それならばなぜビスポークは、オープンから5年が経ち、時に予約が難しいほどの人気店になっているのでしょう？

　その理由は、どこまでも味にこだわり、定番といわれるものさえも一から見直して改良を続ける野々下さんの料理が、もはやイギリスという枠に留まらない「ビスポークの味」になっているから。そんなおいしさが、本国の味にうるさいイギリス大使館員だけでなく、日本中の食通たち、さらには海外にいながら、帰国するたびに外国人のパートナーと共に来店するというお客さんまでを惹きつけ、毎晩賑わい続けているのです。

　そしてもうひとつ特筆すべきところは、お店で出される料理のすべてが自家製、ということ。以前はパンのみ購入していたものの、雑誌の取材で「パン以外は自家製」と書かれたことで野々下さんの負けん気に火がつき、今ではパンも毎日お店で焼くように。それも「こんなに簡単にできたら、いいでしょう？」と笑うほど、無駄を省いた手軽なレシピを考案したのです。なによりも、すべての料理が安心安全で、誰もが唸るおいしさなのが素晴らしい。

　この本は、そんな野々下さんの料理を家でも味わってみたい！という人のために生まれました。あくまでもお店と同じ味を追求しているので、やや難しいレシピもあるかもしれません。でもそのぶん、完成したときの味わい、達成感は保証つきです。

　さあ、あなたも自宅で〝ビスポーク〟を、開店しませんか？

まるで外国のお店と見紛うようなビスポークの外観。ご近所住まいの常連さんから、予約をして遠方より駆けつけるおいしいもの好きのお客さんまでが夜な夜な集まり、楽しくおいしい時間を過ごします。時にはお店のマスコット犬、タビちゃんがいることも！

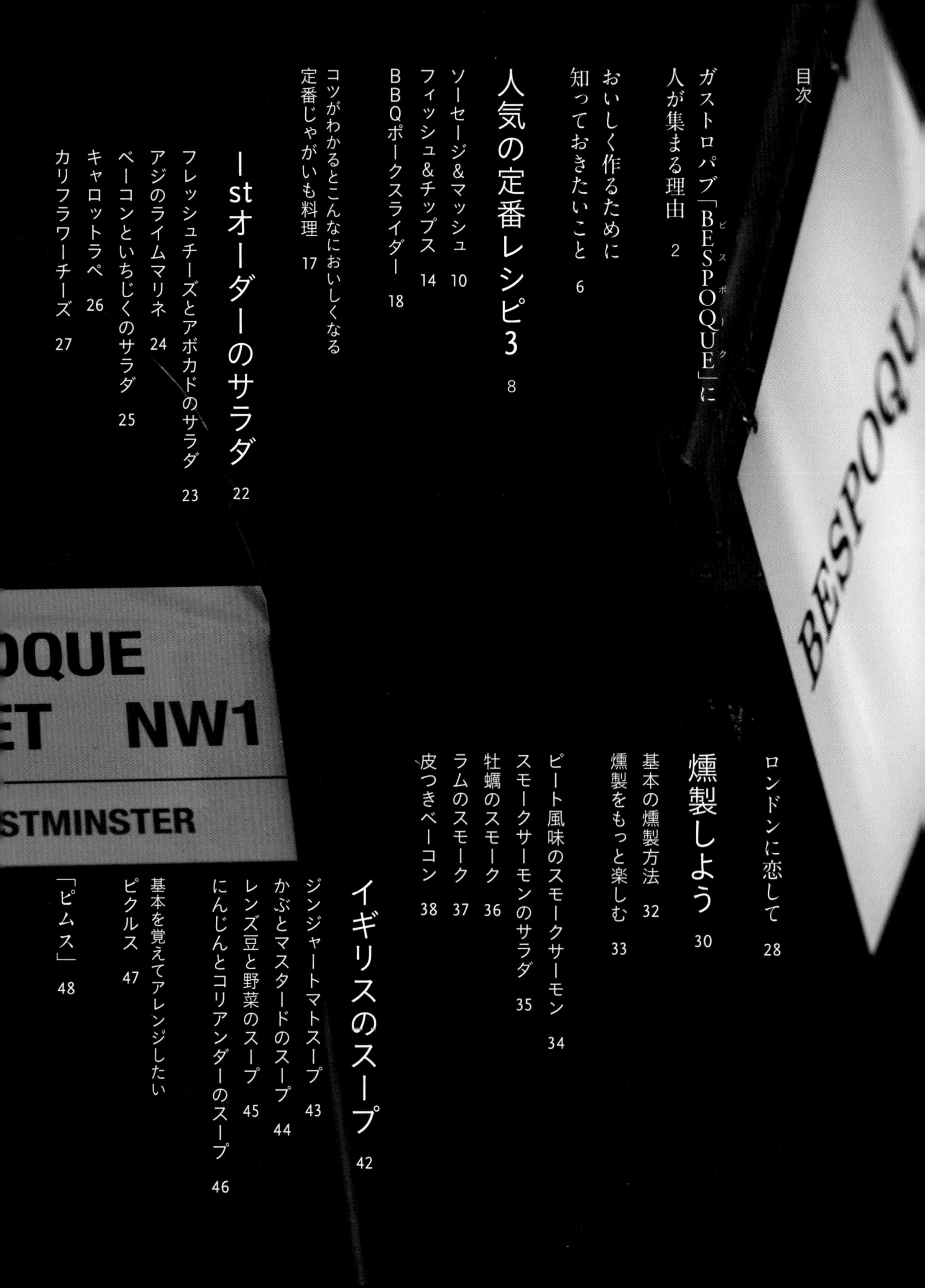

目次

[本書の決まり]
★計量の単位は、小さじ1=5㎖、大さじ1=15㎖、カップ1=200㎖です。
★電子レンジは600Wを使用した場合の加熱時間です。

小さなことでも、仕上がりを大きく左右するから

おいしく作るために知っておきたいこと

★ 一回で味は決まりません。分量も時間も9割で様子を見る

料理のでき具合は、その日の温度や湿度でも変わってくるもの。調味料を一気に入れるのではなく、まず9割を入れて状態を見て、様子がよければそこでストップしてみる。そんな臨機応変な対処をしていくことで、料理の腕も上がってくるはずです。

★ 賞味期限内＝OK？材料は必ず新鮮なものを！

完成度を上げるためには、食材の鮮度も重要です。一例としては、卵の賞味期限をあまり気にしない人も多いですが、やはり新鮮なもののほうがずっとおいしい。価格もさることながら、食材の鮮度にこそ気を配りましょう。

★ 計量、温度はきちんと。「だいたい」は失敗のもと

特にパン（P50〜）などは微差で状態が変わります。きちんと分量を量り、さらに水分を入れる時にも9割で様子を見ること。同様にオーブンの温度なども、指定温度まで上がらないうちに入れてしまうと、生焼けになったり味が落ちたりするので注意して。

★ 大は小を兼ねません。調理道具は適正なサイズで

たとえばマヨネーズ（P68）を作る際、大きすぎるボウルだと液体が広がりすぎ、きちんと泡立てができず失敗の原因に。パンを発酵させる時に使うボウルも、適正サイズでないと発酵がうまく進まなかったり、発酵の確認がしにくくなったりします。

★ 温度に敏感になろう。その熱さ、冷たさには理由がある

食材は温度で状態が変わりやすいもの。たとえば、マッシュポテト（P17）は、作っている最中に温度が下がると、でんぷんが固まり、舌ざわりが悪くなってしまいます。冷やす、熱すると指定があるものは、レシピ通りに行うことがおいしい成功への鍵です。

★ まずはレシピ通りに。アレンジは2回目から

料理上手な人にありがちなことですが、最初からアレンジするのは避けて。というのもビスポークのレシピは細かいステップで大きな違いが出るものも多く、失敗の原因になりがち。慣れて塩梅《あんばい》がわかったら、好きな食材を加えたりして楽しんでみてください。

温度計を持とう

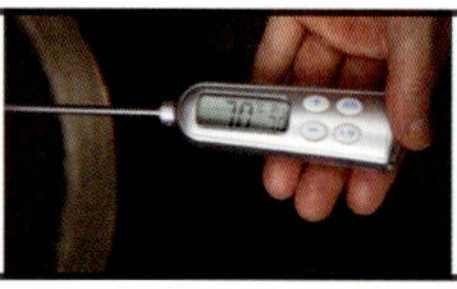

温度管理は料理成功の大事な鍵。食材内部の温度をきちんと確認できる、料理温度計を1本持っておくと便利です。

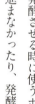

調味料について

塩
メインに使うのは伯方の焼塩。粗塩のほうが入手しやすいですが、焼塩は粒子が細かく、まんべんなく味をつけることができてベター。トッピング用にはミネラル感のあるマルドン社のシーソルトを。

砂糖・はちみつ
糖類は三温糖とグラニュー糖をおもに使用しています。はちみつは調味料として使うので、個性のあるタイプではなく、溶けやすい安価なものでOK。

粉
この本で小麦粉は主にパン作りのために使います。ビスポークで使っているのは、日本製粉のヨット。膨らみやすく、初心者でも扱いやすいのが特徴ですが、他ブランドの使いやすいものを選んでもＯＫ。

ビネガー
フィッシュ＆チップス（P14）に欠かせないのは、さわやかでフルーティなサーソン社のモルトビネガー。他の料理には、マイユ社の白＆赤ワインビネガーが、何にでも合わせやすい味で便利です。

オイル
サラダ油よりも、クセのないひまわり油がおすすめ。サラダ等に使うオリーブオイルは、スペインのコルメラというエクストラバージンオリーブオイルがとても香りよく、長年、愛用しています。

その他
マスタードはマイユ社のディジョンマスタードの出番が多いですが、スライダー（P18）にぴったりなのは、辛みが強いコールマン社のもの。ヨーグルトは、酸味のバランスととろみの質感が絶妙な小岩井ブランドを。スパイスは、マークス＆スペンサー社のものを使用していますが、フォション社も質がよくおすすめ。

オーブンについて	この本ではコンベクションオーブンを使用した場合の設定になっています。オーブンの方式や機種などによって差がありますので、様子を見ながら焼き時間、温度を加減してください。

絶対の自信あり！　看板メニューの中身を公開

人気の定番レシピ3

「ビスポークで最もおすすめの料理は？」と聞かれたら「どれもですよ！」といいつつも、〝フィッシュ＆チップス〟、〝ソーセージ＆マッシュ〟、そして〝ＢＢＱポークスライダー〟を挙げています。どの一皿も、メニューボードに書いてあるとほとんどの方がオーダーする、文字通り看板メニューでもあります。

この3品、実はふたつがイギリスの伝統料理で、もうひとつは近年イギリスで定番となった料理です。フィッシュ＆チップスといえば、新聞に包まれたものを塩とモルトビネガーで食べる、誰もが知っているストリートフードですし、つぶしたじゃがいもやオニオングレイビーを添えて供されるソーセージ＆マッシュも、昔からある大定番料理。そしてＢＢＱポークスライダーは、3年前にロンドンに行った時に人気急上昇していたバンズで豚肉を挟んだバーガーで、ミニサイズという食べやすさもあり、パーティやケータリングでひっぱりだこになっていました。

そしてこの3品、イギリス料理の中でも特に私の大好物なんです。だから、日本にいてもやっぱりこれらが食べたい。でも、どこにも見当たらない。ならば自分で作るしかない……と考えに考えてやっと完成させたものです。

正直なところ、看板メニューがご自宅で作れるようになってしまうと店に閑古鳥が鳴くんじゃないかしらと、ちょっとドキドキしたり。少々ハードルの高いレシピではありますが、ぜひとも挑戦してもらいたい……そんな3品です。

ソーセージ＆マッシュ

ソーセージはイギリスにおける大定番料理で、さまざまな種類がありますが、中でも特に有名なのが、イングランド東部のリンカンシャー地方で作られるリンカンシャー・ソーセージです。これはハーブがたっぷり入っているのが特徴で、ビスポークで出しているソーセージもこのタイプ。ハーブとジンジャーの風味がさわやかな味わいになっています。

この料理のメインはソーセージですが、頼んだ人皆が驚くのはつけ合わせであるマッシュポテトのほうかもしれません。適切なじゃがいもを選び、かき混ぜすぎないこと、温度を保つこと。些細なことに思えますが、そんな細かな心配りをすることで、驚くほどなめらかでとろけるような味わいができ上がります。

ソーセージ＆マッシュ

材料（２人分）

ソーセージ（P 12参照）　２本
油　大さじ２
マッシュポテト（P 17参照）　適量
オニオングレイビー（左記参照）　適量

作り方

フライパンに油をひき、ソーセージを入れて中火で焼く。あまり動かさないようにして、焼き目をつける。まんべんなく焼き色がついたら、200度のオーブンで６分焼く。押してみて弾力があれば焼き上がり。器にマッシュポテトとソーセージを盛りつけ、オニオングレイビーをかける。

★フライパンだけで作る場合は、弱火で７〜８分焼く。

オニオングレイビー

材料（作りやすい分量）

豚ひき肉　250g
（ソーセージ作りで器具内に残る肉を使うとよい）
玉ねぎ　１個
にんにく　１かけ
熱湯　500mℓ
（冷水は肉の温度が下がって風味が落ちる）
油　大さじ１
塩　小さじ½

作り方

1　鍋に油をひき、ひき肉を入れて強火にかける。焦げ目をつけたいので、あまり混ぜない。少し焦げができるくらいでグレイビーらしい色になる。

2　しっかりと色づいたら分量の熱湯を加え、鍋の底についた焦げをこそげ取るようにしながら、弱火で５分ほど煮る。

3　にんにくは包丁でつぶしてみじん切り、玉ねぎは半分に切ってから薄切りにする。

4　２とは別の鍋に油大さじ１（分量外）、にんにくと玉ねぎを入れて中火にかけ、飴色になるまで炒める。

5　２の鍋のスープをこして加え、アクや油を取りながら弱火で15分ほど煮詰める。塩を加え、味を調える。

ソーセージ

材料(約15cm長さ12本分)

豚粗びき肉　1.4kg

天然豚腸　1パック

（2mのもの／東急ハンズやネットショップなどで手に入る）

牛乳　100mℓ（冷たいもの）

パン粉　20g

ハーブ類

- セージ　4～6茎
- ローズマリー　3～4茎
- タイム　4～6茎
- イタリアンパセリ　4～6茎

スパイス類

- はちみつ　大さじ2
- ナツメグパウダー　小さじ1
- ジンジャーパウダー　小さじ1
- 粗びき黒こしょう　小さじ1
- 塩　大さじ1½

● 肉だねを作る

A

B

C

D

E

F

G

● 腸を準備する

H

I

POINT

★1 衛生面を考え、使い捨ての手袋を使って作るのがおすすめ。

★2 プリッと仕上げるためには、肉は常に冷たく保つこと。

★3 腸に詰める際は空気を入れないように。大きい気泡ができてしまったら、針などで穴を開けて破裂するのを防ぐ。

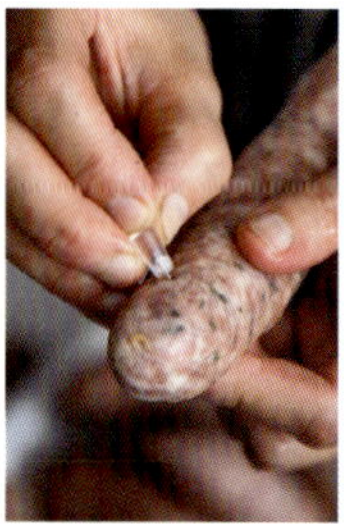

★4 肉を詰めすぎると腸が破けやすいので、入れすぎないこと。破けた場合は、その部分をねじり目として結んでしまうとよい。

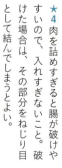

作り方

◎ 肉だねを作る

1　ハーブ類はすべて茎からはずし、細かく刻む(写真A～B)。

2　ボウルに豚粗びき肉、牛乳とパン粉を入れ、**1** とスパイス類を加える。均等になるように手早く混ぜる。肉が温まってしまうので時間をかけない(C～D)。

3　**2** を３等分し、１つずつフードプロセッサーにかける。粘りが出て赤からピンクっぽい色になってきたら、その都度取り出す(E～G)。

◎ 腸を準備する

4　豚腸についている塩をよく洗い流す。バットに水を張り、20分ほどつける(H)。

5　腸の中に水を少しずつ流すようにして内側の塩も洗い流し、半分の長さに切り、２つに分ける(I)。

◎ 腸に詰める

6　ソーセージスタッファー（腸詰めする器具)に空気が入らないようにしながら **3** の肉を詰める(J)。

7　腸をスタッファーのノズルに装着する。ノズルのギリギリまで肉を押し出してから、腸の端を縛る。破れないように、肉を少しずつ詰めていく(K～L)。

◎ 成形する

8　全部詰めたら端を縛る。残りの肉も同様にもう半分の腸に詰めたら、それぞれ６本のソーセージになるように、⅙の長さずつねじる(M～O)。

9　ねじり合わせたら、S字フックなどにかけ、約２時間吊るす(P)。

10　バットなどにキッチンペーパーをしき、**9** をのせてラップをせずに冷蔵庫で２時間から一晩おく(Q)。

11　ねじった部分を切り、１本ずつにする(R)。

◎ 腸に詰める

J

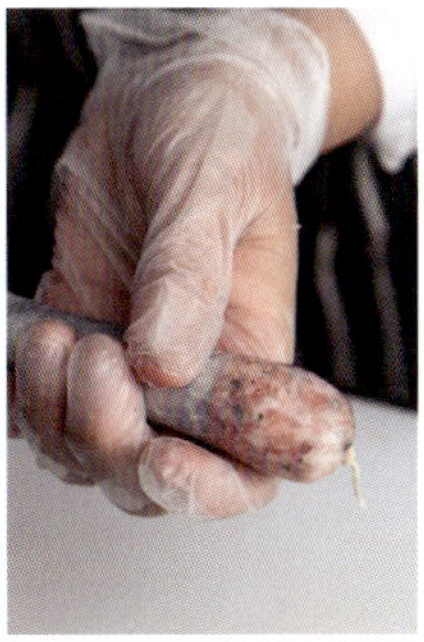
K

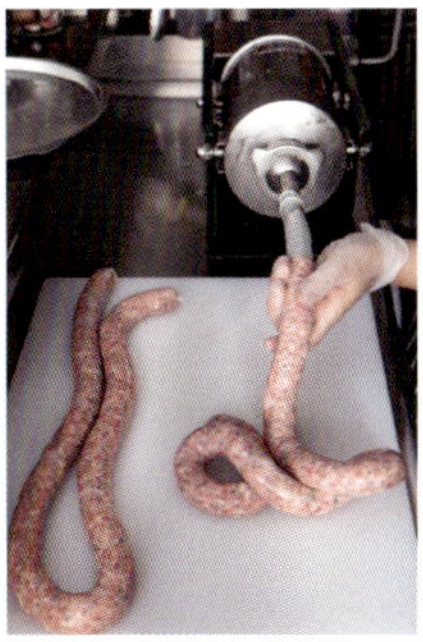
L

◎ 成形する

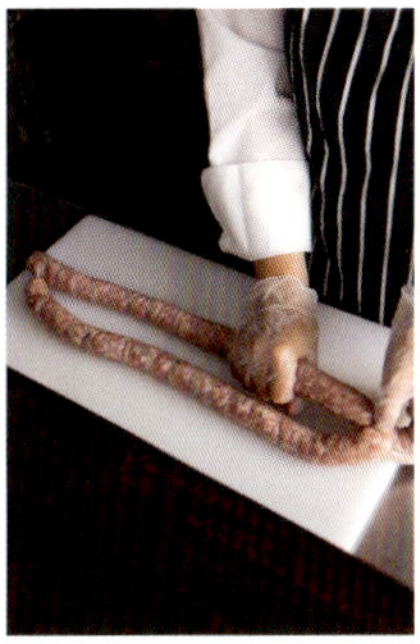
M

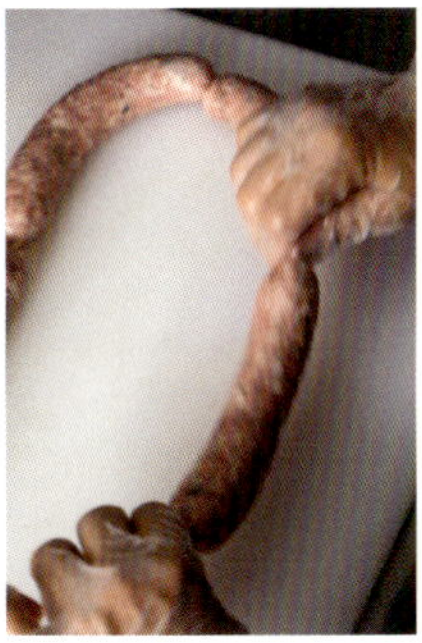
N

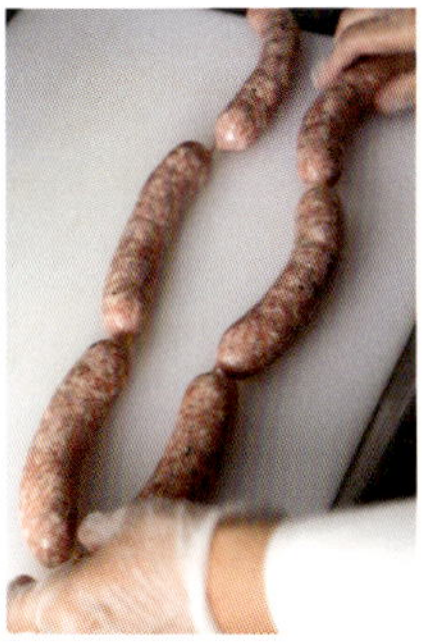
O

P

Q

R

MEMO

ソーセージスタッファーがない場合は、大きいペットボトル(1.5～2ℓ)を半分にカットし、口の部分をノズル代わりにして詰める方法がおすすめ。空気が入らないよう、少しずつ詰めるのがコツ。

フィッシュ&チップス

イギリス人のソウルフードといえばこれ！　というほどポピュラーな料理ですが、おいしく作るとなると意外と手強いメニュー。

まずフィッシュフライは、中はしっとりふっくら、外はカリッと仕上げることが重要です。そのためには、衣をいかに早く固めるかが鍵。油に投入してから沈んだままだと、水蒸気が逃げず衣がカラッと揚がらないので、温度をきちんと保つことが大切です。

フライドポテトのおいしさの決め手は、ゆでてから二度揚げする〝トリプルクック〟という、料理にこだわりのあるガストロパブでは、よく用いられる手法。手間はかかりますが、そのホクホクの味わいは、一度食べるとやみつきになってしまうはず。

フィッシュ&チップス

材料（2人分）

フィッシュフライ（P16参照）　2本
フライドポテト（P17参照）　適量
タルタルソース
- きゅうりのピクルス　1/4本
- 玉ねぎのピクルス（あれば）　1/4個
- イタリアンパセリ　2茎
- ディル　2茎
- マヨネーズ（P68参照）　大さじ3

レモン　適宜
モルトビネガー　適宜

作り方

1　タルタルソースを作る。きゅうりと玉ねぎのピクルスは大きめに刻む。

2　イタリアンパセリとディルは茎からはずして細かく刻み、1とマヨネーズを加えて混ぜ合わせる。

3　揚げたてのフィッシュフライとフライドポテトを器に盛りつけ、タルタルソースを添える。お好みでレモンやモルトビネガーをかける。

RSON'S
Malt
VINEGAR

フィッシュフライ

材料（2人分）

真鱈（生）　2枚

a 薄力粉　50g

　ベーキングパウダー　2g

　カイエンヌペッパー　少々

　塩　ひとつまみ

ビール　70mℓ

氷　3〜4個

米粉　適量

揚げ油　適量

作り方

● 衣を作る

1　ボウルにaを入れ、氷で冷やしたビールを少しずつ加え、泡立て器でなめらかになるまでよく混ぜる。冷蔵庫で20〜30分冷やす（写真A〜D）。

● 魚の下ごしらえ

2　真鱈は骨を取り、キッチンペーパーをしいたバットにおいて、そのまま（ラップはしない）冷蔵庫に1時間〜半日ほどおく（E）。

● 衣をつける

3　冷蔵庫から真鱈を取り出し、米粉を両面に薄くふり、まんべんなく1の衣をつける（F〜G）。

● 揚げる

4　180度に熱した油に3の真鱈を入れ、浮いてきたらひっくり返す。3〜4分揚げる（H）。

★数本の指に衣をつけ、揚げている真鱈に散らすとサクサク感が増す（I）。

POINT

★1 ビールはよく冷やしておく。

★2 衣は泡立て器でしっかり混ぜる。指を入れると少し透けて、垂れ落ちる程度を目安に。

★3 真鱈にふる粉は、米粉がおすすめ。小麦粉は衣が鱈の水分を吸ってベタッとなりやすい。

★4 揚げ加減は、真鱈を入れた直後の大きな泡が小さくなり、音が静かになればOK。衣のかすは焦げる原因になるので、こまめに取り除く。

MEMO

必ず生の真鱈を使いましょう。ない場合は、かれいなどの白身魚でも。その場合も冷凍のものは避けて。

● 衣を作る

A

B

C

D

● 魚の下ごしらえ

E

● 衣をつける

F

G

● 揚げる

H

I

コツがわかるとこんなにおいしくなる 定番じゃがいも料理

フライドポテト

材料(2人分)
じゃがいも　大2個
水　1.5ℓ
塩　大さじ1
揚げ油　適量

作り方

1　じゃがいもは皮をむき、太めの拍子木切りにする。水が透き通るまで流水にさらす。

2　鍋に水を沸騰させ、塩を入れたらじゃがいもを加え、やや強火で5分ゆでる。

3　火を止めたらすぐ水を注ぎ、余熱を止める。粗熱が取れたらざるにあげ、冷ます。

4　140度の油で3を約4分揚げる。キッチンペーパー2枚をしいたざるに取り出す。

5　200度の油に再度入れ、色づくまで揚げる。熱いうちに塩(分量外)をまぶす。

POINT

★1 じゃがいもの品種は、キタアカリがおすすめ。

★2 形崩れを防ぐために、水からではなく熱湯でゆでる。ざるからではなく、手で丁寧に入れて。

★3 ゆで上がってすぐざるにとると粉を吹いてしまうので、必ず水を注いで余熱を止めること。

マッシュポテト

材料(作りやすい分量)
じゃがいも　500g
a 牛乳　100mℓ
　生クリーム　50mℓ
　無塩バター　50g
水　1.5ℓ
塩　大さじ1

作り方

1　じゃがいもは皮をむき、約2cmの角切りにする。水が透き通るまで流水にさらす。

2　鍋に水を沸騰させ、塩を入れたらじゃがいもを加え、強火で15分ゆでる。

3　耐熱容器にaを入れ、電子レンジに1分かける。

4　じゃがいもは熱いうちにざるにとって水分を飛ばし、鍋に戻してマッシャーでつぶす(写真はムーランという漉し器)。

5　3を2〜3回にわけて加え、その都度混ぜる。好みの柔らかさになれば完成。

6　味をみて、薄ければ、塩(分量外)を加えて味を調える。

POINT

★1 じゃがいもの品種はメークインがおすすめ。

★2 じゃがいもの温度をなるべく下げないことが、なめらかに仕上がるコツ。つぶすときは、まだ熱の残る、じゃがいもをゆでた鍋を使い、aを温かい状態で加えること。

★3 混ぜすぎると粘りが出るので要注意。

BBQポークスライダー

　スライダーとは、小さなバンズを使ったハンバーガーのこと。アメリカのファストフード店が生み出した言葉ですが、今では小さいバンズのサンドイッチは皆そう呼ばれるほど、浸透しています。小さいので食べやすく、最後の一品としてはもちろん、お酒にも合わせやすい味わいなのがビスポークでの人気の理由です。

　大事なことは、中に挟むプルドポークを一晩漬け込んでしっかり味をなじませ、じっくりと時間をかけて柔らかな食感に焼き上げること。なんといっても〝Pulled〟（プルド）とは、「フォークだけでも身がほぐれるほど柔らかい」という意味ですから！

　そしてこのスライダーには、辛みが強く、ＢＢＱ味を引き立ててくれるコールマンのマスタードを合わせるのが最高です。

BBQポークスライダー

材料（２人分）

プルドポーク（Ｐ20参照）　適量
BBQソース（Ｐ20参照）　適量
バンズ（Ｐ52参照）　２個
きゅうりのピクルス　適宜
コールマンのマスタード　適宜

作り方

1　プルドポークは細かくほぐす。バンズは横半分に切り、軽く色づくまで焼く。
2　バンズの下部分にプルドポークをたっぷりのせる。BBQソースをかけ、上部分で挟む。
3　お好みでピクルスとマスタードを添える。

プルドポーク

材料(作りやすい分量／5〜6人分)

豚肩肉　400〜450g
玉ねぎ　小1個
にんにく　1かけ
スパイス類
- クミンパウダー　大さじ1
- スモークドパプリカパウダー　大さじ1
- スイートパプリカパウダー　大さじ1
- 黒こしょう　適宜

ローリエ　2枚
塩　小さじ1½
水　250mℓ
BBQソース(作りやすい分量)
- トマト缶(カットタイプ)　⅔缶(約270g)
- a ウスターソース　大さじ2
  - 赤ワインビネガー　小さじ1
  - メープルシロップ(またははちみつ)　大さじ1
  - 塩　少々

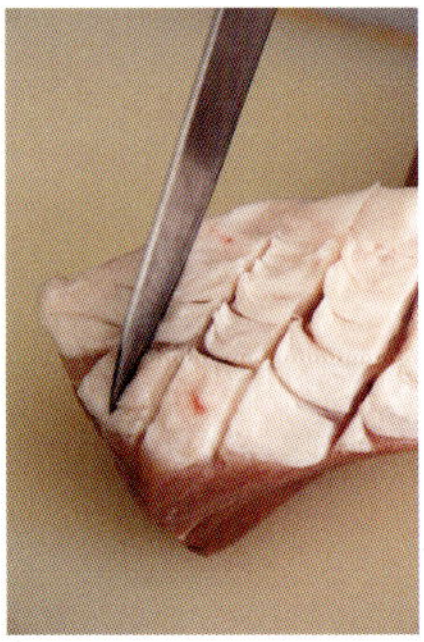
A

B

C

● 肉の下ごしらえ

D

E

F

G

H

I

● 肉を焼く

POINT

★1 肉は途中で焼き加減をチェックして、水分がなくなっていたら、水を少し追加する。

★2 ポークスライダーにする時は、肉は熱いうちにほぐしておく。

★3 直火OKの耐熱容器がない場合、肉を天板で焼いてもよい。BBQソースは、肉を取り出した後の天板についた焦げや玉ねぎなどをこそげ取り、フライパンに移して作る。

★4 余ったBBQソースは、冷蔵庫で2週間ほど保存可能。

作り方

● 肉の下ごしらえ

1　豚肩肉は表面の脂身部分に切り込みを数ヵ所入れる。赤身部分にも大きく深い切り込みを２ヵ所入れる（写真A～B）。

2　全体に塩をすり込む。にんにくをガーリッククラッシャーでつぶして（なければ刻む）、肉にまぶす（C～D）。

3　スパイス類を肉にかける。トングで転がして、全体にしっかりからめ、ラップをかけて冷蔵庫で一晩おく（E～G）。

● 肉を焼く

4　玉ねぎは半分に切ってから薄切りにする。耐熱容器にしき、**3** の豚肉を脂身を上にしてのせる（H）。

5　ローリエを加えたら、水を注ぐ。オーブンペーパーをくしゃくしゃに丸めてから水に濡らし、広げたもので肉を覆う（I～J）。

6　アルミホイルでふたをして、170度のオーブンで２時間20分ほど焼く。ポークスライダーにする時は、肉は取り出して熱いうちにほぐす（K～N）。

● BBQソースを作る

7　肉を取り出した容器の余分な脂分を取り除き、トマト缶を加えて弱火にかける（O～P）。

8　a を加え、とろみが出るまで煮詰める（Q～R）。

J

K

L

M

N

O

● BBQソースを作る

P

Q

R

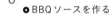

「今すぐ食べたい！」にさっと応えられる

1stオーダーのサラダ

「お腹が空いた！」とお店に駆け込んでくるお客さまがオーダーするものはというと、まずサラダ。お酒に合わせて、サラダやオードブル的な一品をつまんで小腹を満たしつつ次の料理をじっくり考える、という方も多いんです。

ご紹介する5品は一見豪華ですが、下ごしらえさえしておけば、パッとテーブルに出せるものばかり。普段の食事はもちろん、ホームパーティなどでも活躍するのではないでしょうか。

フレッシュチーズとアボカドのサラダは、ヨーグルトと牛乳があればできてしまう簡単さなのに、驚くほどクリーミーなチーズが魅力です。アボカドだけでなく、お好みの野菜と合わせて自分好みにアレンジしてみてもおいしいと思います。

アジのライムマリネに使うアジは、スーパーや魚屋さんで、あらかじめ三枚におろしてもらえば、より簡単。マリネといっても長時間漬け込むのではなく、あくまでも柑橘の風味づけが目的なので、鮮度の高い素材を使うことが重要です。

ホースラディッシュのピリ辛感と果物の甘みが不思議とマッチするのが、ベーコンといちじくのサラダ。葉物野菜に下味をつけるひと手間でお店の味らしくなります。キャロットラペは、もはやおろすだけ、あえるだけ！の簡単さです。

そしてカリフラワーチーズは、厳密にはサラダではありませんが、野菜料理としてオーダーの多い一品。イギリスには昔からある家庭料理で、心もお腹もほっこりとする味わいです。

シンプルだからこそ、手作りチーズの味が際立つ

フレッシュチーズとアボカドのサラダ

材料（2人分）

フレッシュチーズ（作りやすい分量）

- プレーンヨーグルト　200mℓ
- 牛乳　400mℓ
- 白ワインビネガー　大さじ2
- 塩　小さじ⅓

アボカド　½個

レッドキャベツスプラウト　適量

赤ワインビネガードレッシング

（P68参照）　大さじ2

黒こしょう　少々

作り方

1　フレッシュチーズを作る。鍋にすべての材料を入れて全体を混ぜ合わせ、7〜8分弱火にかける。

2　ボウルにざるをのせ、キッチンペーパーを二重にしいて**1**を注ぐ。分離して水分が出てくるので、そのまま2時間ほどおく。

3　1cm厚さに切ったアボカドを器に盛り、お好みの量のフレッシュチーズとスプラウトをのせる。

4　赤ワインビネガードレッシングをかけ、黒こしょうをふる。

MEMO

白ワインビネガーの代わりに、レモンの絞り汁や米酢などでもOK。

残ったフレッシュチーズは、冷蔵庫で3〜4日保存可。

バジルと柑橘の、爽やかな香りがクセになる

アジのライムマリネ

材料（2人分）

アジ　1尾
じゃがいも　1個
ミニアスパラガス　6本
ライム（防かび剤不使用のもの）　1個
a バジル　1パック
　油　大さじ3
　塩　小さじ¼
マルドンの塩　適宜

作り方

1　アジは三枚におろす（おろしたものを買ってきてもよい）。小骨と皮を取り除き、ひと口大に切る。

2　ライムは半分に切って絞る。½個分の皮をすりおろし、絞り汁大さじ3と共にボウルに入れる。アジを加えてあえたら冷蔵庫で1～2時間おく。

3　じゃがいもは1cm厚さに切り、たっぷりの熱湯に入れて中火で柔らかくなるまでゆでる。ミニアスパラガスは中火で2分ゆでる。

4　aと残りのライムの絞り汁をミキサーにかけてソースを作る。

5　じゃがいもを器に盛り、**2**のアジをのせて**4**をかける。ミニアスパラガスを添え、お好みで塩をふる。

POINT

ライムでマリネする際、塩を加えると臭みが出るので入れないこと。

MEMO

ライムの代わりにすだち、グリーンレモンなどでもOK。皮を使うので、防かび剤を使っていないものを選んで。

ベーコン×フルーツは、最高の組み合わせ

ベーコンといちじくのサラダ

材料（2人分）

ベーコン（P40参照）　厚切り1枚
ルッコラ、グリーンカール、
　ベビーリーフなどの葉物野菜　50g
いちじく　1個
くるみ　5〜6粒
ホースラディッシュドレッシング
　（P69参照）　大さじ2
赤ワインビネガードレッシング
　（P68参照）　大さじ1½

作り方

1　ベーコンは厚めの短冊切りにし、フライパンに入れて焼き色がつくまで強火で焼く。
2　いちじくはくし形に切る。葉物野菜は赤ワインビネガードレッシングであえ、下味をつける。
3　くるみは165度のオーブンで5分焼き（フライパンで色づくまでからいりしてもOK）、粗く刻む。
4　葉物野菜を器に盛り、ベーコンといちじくをのせたら**3**を散らす。
5　ホースラディッシュドレッシングをかける。

カットの仕方が違うだけで、味わいがグンとアップ

キャロットラペ

材料（2人分）
にんじん　小2本
アーモンドスライス　15g
赤ワインビネガードレッシング
（P68参照）　大さじ2

作り方

1　にんじんはチーズおろし器でせん切りにする。

2　アーモンドスライスは、165度のオーブンで5分焼く（フライパンで色づくまでからいりしてもOK）。

3　**1**のにんじんを赤ワインビネガードレッシングであえて器に盛り、アーモンドスライスを散らす。

POINT
チーズおろし器を使うことでにんじんが粗いせん切りになり、ドレッシングがからみやすくなる。

MEMO
アーモンドスライスの代わりに刻んだコリアンダーを混ぜてもおいしい。

一度食べてほしい、イギリスの定番野菜料理

カリフラワーチーズ

材料（2人分）

カリフラワー　½個
薄力粉　ひとつまみ
塩　ひとつまみ
チーズ入りホワイトソース
- 牛乳　200mℓ
- 無塩バター　12g
- 薄力粉　12g
- ナツメグパウダー　少々
- 塩　小さじ¼
- ホワイトチェダーチーズ　40g
- パルメザンチーズ　10g

レッドチェダーチーズ　30g
タイム　2茎

作り方

1　カリフラワーは小房に分け、タイムは茎からはずす。チーズ3種はそれぞれすりおろす。

2　たっぷりの熱湯に塩と薄力粉を入れ、カリフラワーを加えて強火で2分ゆで、ざるにとって粗熱を取る。

3　チーズ入りホワイトソースを作る。鍋に無塩バターと薄力粉を入れ、弱火で炒める。

4　全体がなじんでクリーム状になったら、牛乳を一度に加えて泡立て器でよく混ぜる。

5　とろみがついたら火から下ろし、ナツメグと塩、ホワイトチェダーチーズとパルメザンチーズを加え、混ぜ溶かす。

6　耐熱容器にカリフラワーを並べ、**5**をかける。レッドチェダーチーズをのせてタイムを散らし、210度のオーブンで10分焼く。

POINT
薄力粉を入れることで、カリフラワーが真っ白にゆで上がる。

ビスポークの原点

ロンドンに恋して

実を言うと、学生時代は自分が料理の仕事をするなんて、思ってもいませんでした。大学の時にバンドを組んでいて、音楽を生《なり》業《わい》にしていくつもりだったのです。でも皮肉なことに、卒業後、ロンドンに音楽を学びに留学したのが、料理の道へ方向転換するきっかけとなりました。当時のイギリスはまだまだ、皆が思うところの「料理のまずい国」で、外では何を食べてもイマイチ。そこで自炊を始めたところ、料理の楽しさに目覚めてしまったのです。さらに、ホームステイ先のおばさんが料理上手で、家庭料理を少しずつ教わるうち、その奥深さにもハマッていきました。

それでも日本に帰ってからはインディーズでCDを出したりと、すぐに料理の道に進んだわけではありませんでした。27歳の時、ふらっと入ったカジュアルなフレンチのお店でアルバイトを募集しているのを発見。最初は仕込みを手伝うだけでしたが、4年働く間に少しずつ仕事を教えてもらい、最後はランチを任されるようにもなっていきました。しかしお店が閉店することになり、高田馬場にあるエスプレッソカフェに移りました。その後は大使館でシェフとして働いたりしていました。

自分のお店を持とう、と心を決めたのは２０１１年です。この年は東日本大震災が起き、飲食店にとっては冬の時代でした。唯一流行っていたのはスペインバルだったので、当初はスペイン料理の店にしようかとも思ったものです。でもこんな時こそ、本当に自分の思い入れのある料理、自信を持てる料理でなければ続かないと考え直しました。

実はその直前、ロンドンへ旅行に行っていたのですが、ロンドンは空前のグルメブーム。従来のお酒を飲むところとしてのパブではなく、おいしい料理も食べられる〝ガストロパブ〟が流行していて、「そうだ、あんなお店をやりたい」と決心し、２０１２年の2月22日、ビスポークをオープンしたのです。

〝Bespoque〟という存在しない単語の名前をつけたのには、ちょっとした理由があります。お店をオープンしようと準備している間、お店にまつわるブログを開設したんです。当初はカスタムメイドという意味の〝Bespoke〟という単語でURLを取ろうとしたところ、すでに靴屋さんが取得済みで（笑）。どうしようかと思案していたところ、友人から「語尾のkeをqueにしてみたら」と提案され、それでブログのURLが取得できたことから名前が決まりました。でも今は、queのほうがブティックのようなお店っぽさもあっていいなと、けっこう気に入っています。

ある日のメニューボード。看板メニューであるフィッシュ&チップス、ソーセージ&マッシュ、BBQポークスライダーがスタンバイ。メニューはその日の食材、季節によって替わる。何人かで来て、すべてのメニューを制覇する人も。

シンプルにスモークした素材のおいしさ、教えます

燻製しよう

自家製で作る燻製のよさといえば、「すべて自分で調整できること」に尽きると思います。

例えばベーコン。市販品は保存料や発色剤を使っていることが多く、味もイマイチなことがほとんど。「肉をシンプルにスモークした味」に出会うのは、なかなか難しいのではないでしょうか。でも、そんな〝本物〟のベーコンは驚くほどおいしいんです。ビスポークの燻製は、味がよくて安全、そして「一品でメインになる料理」を提供したいと思ったことからスタートしました。

燻製というと、一般家庭ではちょっとハードルが高いと思われるかもしれません。でも一度トライして、でき上がったものの味を知ってしまうと、市販のものにはもう戻れない！と感じるほど、味には断然、違いがあることをわかっていただけるはず。

燻製とひと口にいっても、大きく分けると冷燻、温燻、熱燻の3つの方法があります。冷燻、温燻法は長時間燻製することで食材の保存性を高められたりもしますが、ビスポークでの燻製の目的は、あくまでも素材をよりおいしくすること。ゆえに、フレーバーづけに重きをおいた熱燻法を取り入れています。長時間燻《いぶ》す必要もなく、用具さえあればすぐできるので、初心者でもトライしやすいと思います。

この本では4種類の食材を使った燻製をご紹介していますが、燻製香の種類や強さなどは、その人の好み次第。慣れてきたらどんどんアレンジして、自分だけの味を見つけましょう。

基本の燻製方法

用意するもの（1回分）

★厚手の鍋（直径26㎝くらい）
燻製鍋として売られている数千円のものや、スキレット、ダッチオーブンなどでも。

★網
鍋のサイズに合ったものを用意。

★アルミホイル

★燻製用のチップ　15g
くるみやりんご、ウイスキーオークなど、食材に合わせて好みのものを。ホームセンターやネットショップなどで購入可能。

作り方

1　鍋にアルミホイルをしき、お好みのチップを入れる。チップは多く入れても効果は変わらないので適量で十分。

2　網をのせ、あとで食材を取り出しやすいよう、油少々（分量外）を塗る。数分間強火にかけ、煙が出るのを待つ。

3　煙が出たら、網に食材をのせる。食材によって、あらかじめ下味をつける、火を通すなど、下ごしらえをしておく。

4　ふたをして、強火で燻製にする。肝心な煙を逃さないために、ふたはしっかり密閉できるジャストサイズを用意する。

★サバのスモークはP 60参照。

おいしい仕上がりの目安は？
食材の表面がつややかな飴色になればOK。火を通しすぎるとパサつくので注意！

味わいに変化をつけるピートパウダー

燻製用のチップにピートパウダーを加えるとよりスモーキーな風味が楽しめます。チップに対して重さの10%くらいを加えて、あとはいつもと同じように燻製するだけで、ひと味違う仕上がりになります。

燻製をもっと楽しむ

★チップは食材に合わせて替えて、好みを探そう

★食材に合わせた下ごしらえで完成度をあげる

★燻製した食材を使ったアレンジ料理にもトライを！

最初は、どんな食材にも合わせやすいウイスキーオークチップがおすすめですが、チップの香りで味わいも変わるので、慣れたらぜひ、自分好みのフレーバーを探してみましょう。

火入れを最低限にするぶん、素材によっては下ごしらえが必要です。例えばラムは、脂身部分の生っぽさが苦手な人も多いので、燻す前にそこだけ火を入れておくと、ちょうどいい仕上がりに。

燻製にした食材は、P60のサバのリエットをはじめ、焼いただけよりも風味が増して、料理に奥深さが出ます。サラダ、サンドイッチにと取り入れて、味の広がりを楽しんでみてください。

なんでも燻製！

基本的には鍋に入れられてふたがぴったりできれば、なんでも燻製にできるのが熱燻のいいところ。おすすめは、鱈やさんま、たらこ、牡蠣といった魚介類、ラム、鶏手羽、ソーセージやハムなどの肉類。燻製の定番であるゆで卵、プロセスチーズなどももちろんOK。塩や醤油などの調味料を燻製にするのも、手軽に食材に風味を加えられるので便利です。

ピート風味のスモークサーモン

高級品のスモークサーモンも、自分で作れば、いくらでもたっぷり食べられるのが嬉しいところです。

通常スモークサーモンは冷燻法が用いられるため、ハードルが高いとされています。でも熱燻法でなら、保存はあまり望めませんが、仕上がりの味のよさは、高級品に負けず劣りません。

それも、たった1分半の燻製でできてしまう簡単さです。

A

B

C

● サーモンの下ごしらえ

D

E

F

● 燻製にする

ピート風味の スモークサーモン

材料(作りやすい分量)

刺身用サーモン　200～250g
塩　小さじ1
燻製用
　ウイスキーオークチップ　15g
　ピートパウダー　小さじ1

作り方

● サーモンの下ごしらえ

1　サーモンの両面に塩をふる。バットに入れ、ラップをせず冷蔵庫で30分おく。水気が出たら、塩を流水で洗い流す(写真A～B)。

2　キッチンペーパーで包み、さらに30分、水分がやや抜けてねっとり感が出るまで冷蔵庫におく(C)。

● 燻製にする

3　P 32を参照して燻製にする。鍋にまずウイスキーオークチップ、次にピートパウダーをふって網をのせる(D)。

4　ふたをせずに強火で熱し、煙が出てきたらサーモンを網にのせる。ふたをして1分半燻し、火を止める。そのまま30秒おく(E～F)。

5　サーモンを取り出したら、冷蔵庫に30分以上おき、味を落ち着かせる。

MEMO

ピートパウダーをチップに加えることで、スモーキーなウイスキーのような風味が加わり、奥深い味わいに。モルトウイスキーとの相性は抜群。

スモークサーモンのサラダ

材料(２人分)

スモークサーモン(Ｐ34参照)　厚切り４切れ
ベビーリーフ　40g
きゅうり　$\frac{1}{4}$本
ミニトマト　２個
ディル　２茎
赤ワインビネガードレッシング(Ｐ68参照)
大さじ1
オリーブオイル　小さじ1

作り方

1　きゅうりはピーラーで縦に薄切りにする。ミニトマトは半分に切る。ディルは茎からはずす。

2　ベビーリーフを赤ワインビネガードレッシングであえて下味をつけ、器に盛る。

3　**1**とスモークサーモンをのせる。オリーブオイルを回しかけ、お好みでマルドンの塩(分量外)をふる。。

ほどよく水分が抜けた牡蠣はうまみが凝縮。
きゅうりのスライスと合わせて

牡蠣のスモーク

材料(作りやすい分量)

牡蠣むき身　大きめのもの　6～8個
塩　小さじ½
きゅうりの薄切り　適量
燻製用
｜ウイスキーオーク　15g

作り方

1　ボウルに水を張り、1％の塩を入れて牡蠣を5分ほどつける。流水でヒダの間の汚れを落とし、水が透き通るまで数回さらす。
2　バットに並べ、熱湯をひたひたになるまでかけ、1分おく。
3　水気をキッチンペーパーでふき取り、両面に塩をふる。
4　P32を参照して燻製の準備をしたら、網の上に耐熱ネットをのせ、牡蠣を並べる。強火で約8分、燻製にする。
5　きゅうりとともに器に盛る。

POINT

★1 牡蠣をつける塩水の塩分目安は1％。水1ℓなら塩は10g。
★2 牡蠣は火を入れると縮むので、小さい牡蠣の場合は、網から落ちないようにネットをのせるとよい。ファインセラミックネットがおすすめ。

ロゼの焼き上がりと燻製香。
同時に楽しめるのは、熱燻法ならでは

ラムのスモーク

材料(作りやすい分量)

ラムチョップ　4本
クレソン　適量
三温糖　小さじ1
塩　小さじ1
燻製用
｜ヒッコリーチップ　15g

作り方

1　ラムチョップは脂身部分に数ヵ所切れ目を入れる(写真A)。
2　全体に三温糖をまぶしたら、その上に塩をふり、冷蔵庫に30分おく。
3　キッチンペーパーで水けをふき、強火のフライパンで脂身部分にのみ焼き目をつける(赤身部分は焼かない(B〜C))。
4　P32を参照して燻製の準備をしたら、ラムを並べて強火で8〜9分、燻製にする。
5　器に盛り、クレソンを添える。

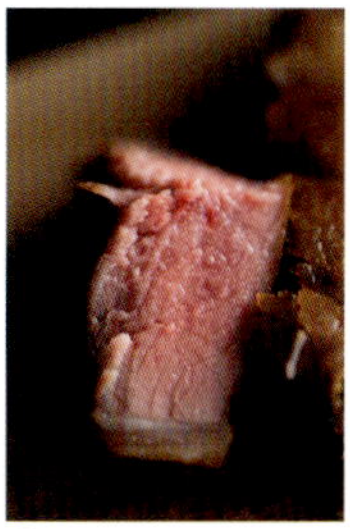

C

B

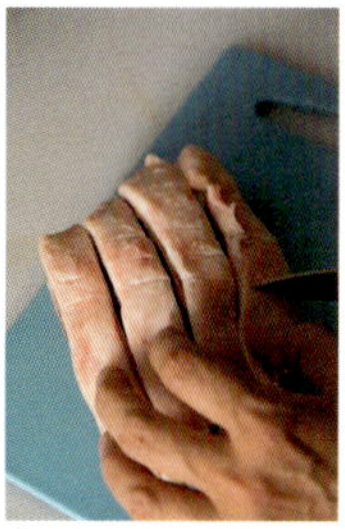

A

皮つきベーコン

私が燻製を始めるきっかけとなったのが、この皮つきベーコン。「スモーキーで脂身がじゅわっとくる肉とカリカリの皮が合わさったら夢のよう……」と、ある日思いついたのです。とにもかくにもやってみよう！と実家の庭にカセットコンロを持ち出したのがすべての始まりでした。

皮はパリッ、身はジューシィ、そして燻されたいい香り。手前味噌ですが、これはなかなか食べられない味だと思います。

さすがにお店で出すのにそれだけでは寂しいかなと、最初はつけ合わせをいろいろ考えたものの、やっぱり何もいらない。シンプルにベーコンそのものを味わってほしい、という結論にたどり着きました。なので、あえての塩&こしょうだけ、でぜひ。

皮つきベーコンのステーキ

材料（２人分）

皮つきベーコン（Ｐ40参照）　厚切り２枚
黒こしょう　適量
マルドンの塩　適量

作り方

1　フライパンを強火で熱し、ベーコンの両面を５分ほど、こんがり色づくまで焼く。さらに皮部分も焼いて、パリッとさせる。

2　器に盛り、黒こしょうと塩を添える。

LAGUIOLE
Claude

皮つきベーコン

材料(作りやすい分量)

皮つき豚ばら肉　600～700g

三温糖　大さじ2

塩　大さじ2

燻製用

りんごチップ　15g

● 肉の下ごしらえ

A

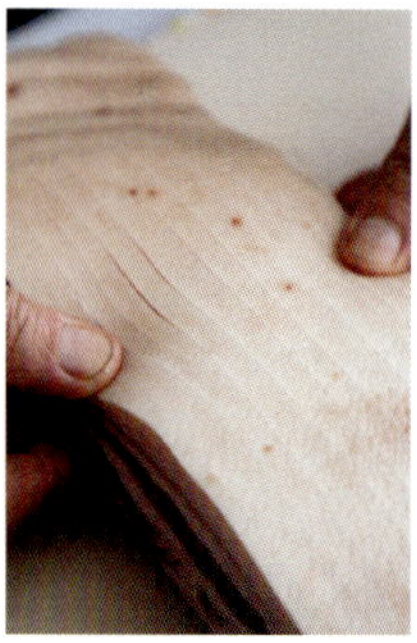

B

C

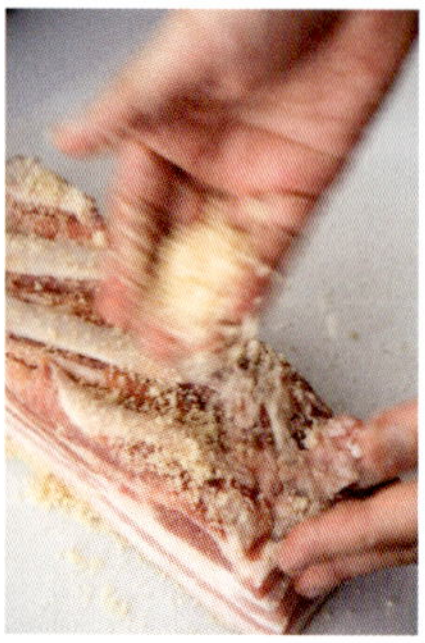

D

E

F

G

● 寝かせる

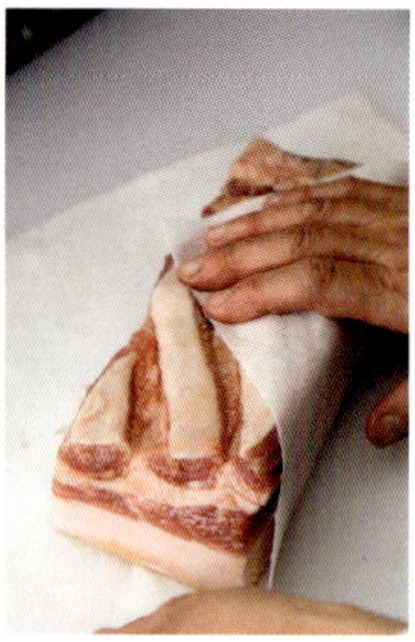

H

I

POINT

★1 皮に切れ目を入れるには、刃をスライドするタイプのカッターナイフがおすすめ。

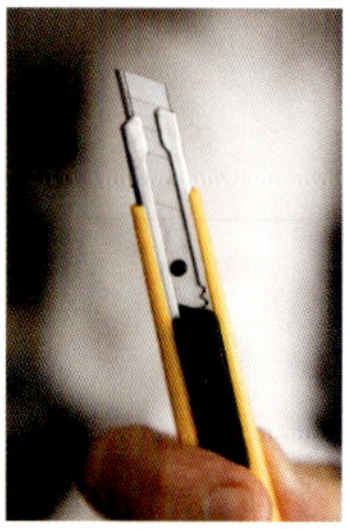

★2 オーブンで焼く前にふる塩は、直前にふること。時間が経つとベーコンから水分が出てしまうので、皮をカリッと焼き上げるためにはギリギリに。

作り方

◘ 肉の下ごしらえ

1　カッターの刃を1目盛り出し、豚ばら肉の皮に5㎜間隔で切れ目を入れる(写真A～B)。

2　1の全体に三温糖をまぶし、その上から塩を、皮の切れ目の内側を含めてしっかりと全体にすり込む(C～G)。

◘ 寝かせる

3　二重にしたキッチンペーパーで包み、ポリ袋に入れる。毎日ペーパーを替え、冬は5日、夏は4日間、冷蔵庫におく(H～I)。

4　ポリ袋から取り出したらキッチンペーパーをはずし、表面の水気を新しいペーパーでふく(J)。

5　アルミホイルをしいた天板の上に皮目を上にしてのせ、肉の側面をアルミホイルで覆う(K)。

◘ オーブンで焼く

6　オーブンに入れる直前に、皮目に塩小さじ½程度(分量外)をふる。230度で25分ほど焼く(L～N)。

7　香ばしい焼き色がついたらオーブンから取り出し、アルミホイルを外して粗熱を取る(O)。

◘ 燻製にする

8　P32を参照して燻製の準備をしたら、7を網において約15分、中火で燻製にする(P～R)。

J

K

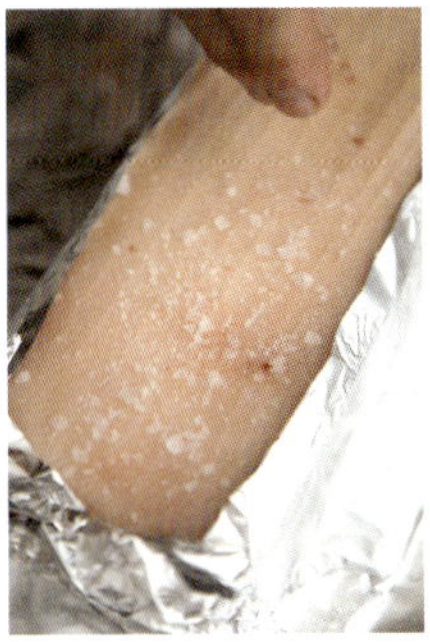
L

◘ オーブンで焼く

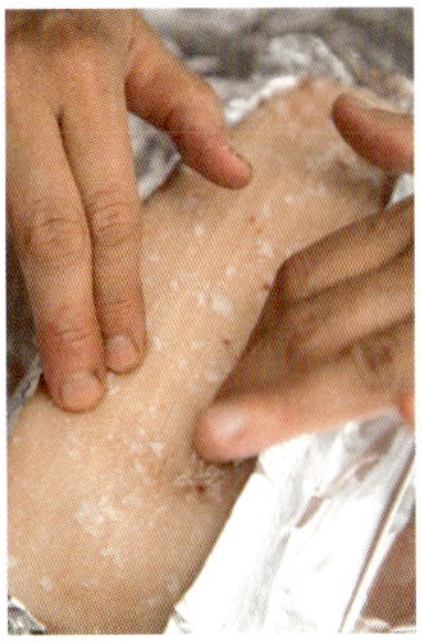
M

N

O

P

◘ 燻製にする

Q

R

MEMO

皮つきの豚ばら肉は、精肉店やスーパーでお願いするか、ネットのショップで取り寄せられる。皮なしの豚ばら肉で作ってもおいしく、より簡単にできる。その場合、オーブンで焼く手順は不要で、燻製時間を25分にすればOK。

野菜だけ。なのにこんなにも深い味

イギリスのスープ

私にとってスープというのは〝ほっとしたい時に飲むもの〟。なるべく優しい味にしたいので、使う材料は少なめにシンプルに仕上げるようにしています。

ビスポークのスープの特徴は、「だし」や「コンソメ」を使わないことです。とにかく基本は水と塩だけ。作り方の順序を守れば、野菜からたっぷりうまみが出るので、だしは必要なくなります。そのためには野菜をいきなり水に入れたりせず、最初にきちんと炒めて野菜に〝汗〟をかかせましょう。その後は弱火でゆっくり火を入れてうまみを引き出し、加える水は最少限に。その3点を心がければ、おいしいスープは誰にでも作れます。

寒い国だからか、イギリスにはスープの種類が豊富にあります。その中でも、トライしやすい4種類を取り上げてみました。

ジンジャートマトスープは、飲んだ人が皆、「ほおっ」と感心してくれる嬉しいスープです。トマト味のスープは給食でも出るほどイギリスではポピュラーなものですが、そこにジンジャーを入れるのがビスポークのアレンジです。

かぶのスープはそれだけだとあっさりしてしまうので、じゃがいもでとろみをつけ、マスタードの刺激をプラスするのが秘訣。にんじんとコリアンダーは、スープに限らず、サラダなどでも出てくるイギリス人が大好きな組み合わせ。そしてレンズ豆と野菜たっぷりのスープは、イギリス留学時代にホームステイ先のおばさんがよく作ってくれた、私の思い出の味でもあります。

ジンジャートマトスープ

材料（2〜3人分）

トマト缶（カットタイプ）　1缶（400g）
にんじん　小1本
玉ねぎ　1個
しょうが（皮をむいて）　60g
油　大さじ1
赤ワインビネガー　小さじ1
水　300mℓ
グラニュー糖　小さじ1
塩　小さじ½

作り方

1　玉ねぎは半分に切ってから薄切りにする。にんじんは薄いいちょう切りにする。

2　鍋に油をひき、玉ねぎとにんじん、塩1つまみ（分量外）を入れて、しんなりするまで弱火で炒める。

3　水を加え、にんじんが柔らかくなるまで弱火でさらに煮る。

4　トマト缶を加え、ブレンダーで攪拌《かくはん》する。

5　しょうがと水50mℓ（分量外）をミキサーにかけてジュース状にしたものを **4** に加え、弱火のまま4〜5分温める。

6　赤ワインビネガー、グラニュー糖、塩を加えて味を調え、お好みでオリーブオイル（分量外）をかける。

MEMO
冷やしてもおいしい。
ミキサーがない場合は、しょうがをすりおろして加えてもよい。

かぶの甘みにマスタードの辛みがアクセント

かぶとマスタードのスープ

材料(2～3人分)
かぶ　5個
じゃがいも　小2個
玉ねぎ　1個
ディジョンマスタード　小さじ2
水　450mℓ
油　大さじ1
塩　小さじ½

作り方

1　かぶは茎を1cmほど残して葉を切り、皮をむく。6等分に切って流水にさらす。玉ねぎは半分に切ってから薄切りにする。じゃがいもは小さめの角切りにし、ボウルに入れて水が透き通るまで流水にさらす。

2　鍋に油をひき、玉ねぎと塩ひとつまみ(分量外)を入れて弱火で炒める。

3　玉ねぎがしんなりしたらじゃがいもを加え、全体に油が回ったら水を入れる。じゃがいもが柔らかくなるまでふたをせずに弱火で煮る。

4　かぶを加え、ふたをして弱火で5分ほど煮る。飾り用のかぶを1人につき2切れ取り除いたら、ブレンダーで攪拌《かくはん》する。

5　塩を加えて味を調え、飾り用のかぶをのせる。最後に水小さじ2(分量外)で溶いたマスタードをかける。

ほっとお腹を落ち着かせる、優しい野菜の風味

レンズ豆と野菜のスープ

材料（2〜3人分）

にんじん　小1本
セロリ　1本
ズッキーニ　½個
長ねぎ　1本
トマト　1個
ブロッコリー　¼個
レンズ豆（赤）　30g
エルブドプロヴァンス（乾燥）　適量
タイム　適量
白ワインビネガー　小さじ⅓
水　400mℓ
油　大さじ1
塩　小さじ½

作り方

1　にんじん、セロリ、ズッキーニは1.5cmの角切り、長ねぎは小口切りにする。トマトはザク切り、ブロッコリーは小房に切り分ける。

2　鍋に油をひき、にんじん、セロリ、長ねぎ、塩ひとつまみ（分量外）を入れて弱火でしんなりするまで炒める。

3　水を加え、ズッキーニ、トマト、ブロッコリー、レンズ豆を入れ、弱火のままレンズ豆が柔らかくなるまで8〜10分ほど煮る。

4　白ワインビネガー、エルブドプロヴァンスと塩を加えて味を調える。器に盛り、タイムの枝を飾る。

MEMO

野菜の種類はお好みで。
野菜のほどよい歯ごたえを残すために、煮込みすぎに注意。

にんじんとコリアンダーのスープ

材料（２人分）

にんじん　３本
玉ねぎ　１個
コリアンダー　適量
オレンジの絞り汁　大さじ３（約½個分）
グラニュー糖　小さじ２
水　600㎖
油　大さじ１
塩　小さじ½

作り方

1　玉ねぎは半分に切ってから薄切りにする。にんじんは薄いいちょう切りにする。

2　鍋に油をひき、にんじん、玉ねぎ、塩ひとつまみ（分量外）を入れてしんなりするまで弱火で炒める。

3　水を加え、弱火でにんじんが柔らかくなるまで７〜８分煮る。

4　ブレンダーでなめらかになるまで攪拌《かくはん》したら、オレンジの絞り汁、グラニュー糖、塩を加えて、味を調える。

5　器に盛ってコリアンダーをのせ、お好みでオリーブオイル（分量外）をたらす。

にんじん×コリアンダーはイギリス定番の味

基本を覚えてアレンジしたい　ピクルス

卵のピクルス

材料(作りやすい分量)
基本のピクルス液(右記参照)　全量
卵　10個
a ブラウンマスタード　小さじ½
　イエローマスタードシード　小さじ½
　ローリエ　1枚

作り方
1　熱湯に卵を入れて7分ゆでる。ゆで上がったらすぐに冷水につけて冷まし、殻をむく。
2　保存瓶にゆで卵とaを入れ、ピクルス液を熱いうちに注ぐ。
3　粗熱が取れたら冷蔵庫に入れる。

MEMO
1週間後くらいから食べごろ。2週間ほどすると熟成感が出て、ねっとりとした味わいに。

野菜のピクルス

材料(作りやすい分量)
基本のピクルス液(右記参照)　全量
野菜類　500mℓ瓶1本分
(カリフラワー、かぶ、にんじん、きゅうり、缶詰のキドニービーンズなど)
a ディル　1茎
　タイム　1茎
　イエローマスタードシード　小さじ½
　ローリエ　1枚

作り方
1　野菜はそれぞれ、ひと口大に切る。カリフラワーは、熱湯に塩、薄力粉各ひとつまみ(分量外)を入れ、2分ほど下ゆでする。キドニービーンズはざるにあけて洗い、水けをよくきる。
2　保存瓶に野菜類とaを入れ、ピクルス液を熱いうちに注ぐ。
3　粗熱が取れたら冷蔵庫に入れる。

MEMO
1週間後くらいが食べごろ。

基本のピクルス液

材料(作りやすい分量／500mℓ瓶1本分)
白ワインビネガー　100mℓ
グラニュー糖　40g
水　100mℓ
塩　大さじ1

作り方
鍋にすべての材料を入れて強火にかけ、沸騰させる。ピクルス液が熱いうちに食材を入れた保存瓶に注ぐ。粗熱が取れたら、冷蔵庫で保存する。

MEMO
ファスナーつき保存袋で作っても。お好みのハーブやスパイスを加えてアレンジを。

「ピムス」

イギリスのパブというのは、本当にいい場所です。一杯飲むだけでもよし、つまみもあり、週末などはトランプ遊びに興じるおじさんたちが長居していますが、チャージされるわけでもない。そこでおいしいものが食べられたら最高だなと昔は思っていましたが、今ではそれをクリアするガストロパブが次々と登場。ビスポークで心がけているのは、そんなパブの居心地のよさです。

パブというとビールのイメージが強いですが、実はカクテルも各種あります。中でも季節感があって楽しいのが〝ピムス〟。夏のドリンクとして人気があり、初夏から「ピムスあります」なんて看板が出るようになります。テニスのウィンブルドン選手権では、苺&クリームと共にピムスを飲むのが定番となっているほど。

ピムスはジンをベースにハーブ類のエキスが入ったアルコールで、炭酸水と共にフルーツのスライスを入れたカクテルにするのですが、必ずきゅうりが入っているのがポイント。初めてオーダーした方は、だいたい驚きます。その昔、イギリスにおいてきゅうりは高級品で、日本のマスクメロンのような扱いだったとか。だからこそきゅうり「だけ」のサンドイッチも存在するのでしょう。ピムスはむしろ、そのどこか青っぽいアクセントがクセになって、皆さん、ハマッていくんです。

そしてパブで一番ポピュラーなカクテルといえば、ジントニック。イギリスでは「ジン&イット」という呼び名で親しまれています。最近では、さまざまなフレーバーのクラフトジンがトレンドになっていて、加えるトニックウォーターもオーガニックのもの、ハーブ風味のものなどバラエティ豊富です。

ビスポークで取り揃えているジンは、プリマス、セント・ジェームス、ヘンドリックスの3種類です（写真左）。プリマスは非常にクラシカルなジンらしい味わいで、セント・ジェームスは、オレンジの風味を感じる、とても華やかな印象。ちなみにプリマスの地元では、ジントニックにこれまたきゅうりを入れたりもします。ヘンドリックスは44%とアルコール度が高めで、男性的な力強さがあります。

パブにビールはつきものですし、日本も「まずはビール」な文化。もちろんビスポークでも、バスペールエールの生をはじめ、さまざまなビールを取り揃えていますが、ときにはこうしたちょっと珍しいドリンクにもトライしてほしいと思っています。

ピムスの作り方

氷をグラスいっぱいに入れたら、ピムスとトニックウォーターを1：4の割合で注ぐ。オレンジスライス、きゅうりの縦薄切りを加え、ミントを飾る。

こんなに簡単に、自分好みの味ができるなんて！

パンは手軽に作ろう

パン作りは私にとって、最後の砦だったのです。何度も挑戦していたものの、なかなか上手くいかなくて……パン作りはもう無理なのではと思ったこともあったほど。ですが、フードプロセッサーを使うと簡単にできるというアイディアを取り入れてから、やっと望み通りのパンが作れるようになったんです。それからというもの、サイズはもちろん、味、形も自由自在になり、メニューのレパートリーがぐんと広がりました。

ビスポークのパンは、メニューの一つ一つに合わせて作っているので、〝合わせる食材をより引き立てる味〟になっているのが特徴です。たとえばイングリッシュマフィンは、挟み込むハムをよりたっぷり食べられるように、軽い味わいのちょっと小さめサイズに。バンズは、プルドポークやビーフパティといったジューシィな具材と同じ歯ごたえにしたいから、ふわっと柔らかく焼き上げる。バゲットは、カナッペに合う味わいに……。そんな微調整がきくのも、自家製ならではです。

一人ですべてをまかなっているお店なので、仕込みの時間も限られています。パン作りにばかり時間をかけるわけにはいかないので、なるべく手早く、簡単にできるよう試行錯誤を重ねてきました。だからといって、味の妥協は一切なし。パン屋さんにも負けず劣らずの出来栄えです。このレシピは、フードプロセッサーさえあればこねる手間もなく、材料も分量もとてもシンプルです。基本のバンズに慣れたら、アレンジにも挑戦してみてください。

[基本のパン]バンズ

材料（20×20cmの角型使用／P18のBBQポークスライダーサイズ9個分）

粉類
- 強力粉　200g
- 薄力粉　50g

ドライイースト　5g

はちみつ　大さじ1½

卵液
- 卵　1個
- 牛乳　100mℓ
- 無塩バター　30g

白ごま　適量

湯（約45度）　50mℓ（イースト用）

塩　5g

● パン生地を作る

A

B

C

D

E

F

G

● パン生地をこねる

H

I

POINT

★1 牛乳にバターを溶かし、卵を加えて混ぜた卵液は、40度ほどの温度で生地に加えるのがベスト。熱すぎるとイースト菌が死んでしまうので注意。

★2 卵液は約200mℓになる。生地に加える水分量は約175mℓが適量なので、8割ほどを入れてからは状態をみながら加えていく。卵液はすべて加えなくてもOK。

★3 生地がベトついたりゆるかったりしたら、強力粉を少し加えて。

★4 パンは発酵がキモ。

● イーストを湯で湿らせたら少し時間をおく。

● イーストに塩が触れると発酵が妨げられるので、必ず離す。

● 暑い時期なら40～60分、寒い時期なら約90分が目安だが、必ず生地の状態で判断する。

作り方

◎パン生地を作る

1　フードプロセッサーはパンこね用の刃(MEMO参照)を取りつける。粉類を混ぜて入れる(写真A～B)。

2　**1**に塩、はちみつを加える。粉に少しくぼみを作ってドライイーストを入れ、イーストめがけて分量の湯を注ぐ。ふつふつと泡立つまでしばらくおく。イーストは塩に触れないように注意(C～E)。

3　耐熱容器に牛乳と無塩バターを入れ、電子レンジに1分ほどかける。卵を加えて、泡立て器でかき混ぜる(F～G)。

◎パン生地をこねる

4　**2**に**3**の卵液を8割ほど加えてこねる。残りの20～30mℓは生地の状態を見ながら少しずつ加える。生地がフードプロセッサーから離れ、ひとまとまりになるまで、約1分こねる(H～L)。

★卵液は少し残しておく。

◎一次発酵させる

5　ボウルにオリーブオイル少々（分量外)を塗る。手の平にもオイルを塗り、生地を取り出して、表面がなめらかになるようにひとまとめにする。ボウルに入れてラップをし、2倍程度に膨らむまでしばらくおく(M～P)。

6　発酵具合を確認する。指に強力粉(分量外)をつけ、生地の真ん中に指を挿す。できた穴が開いたまま戻らなければOK(Q～R)。

J

K

L

M

◎一次発酵させる

N

O

P

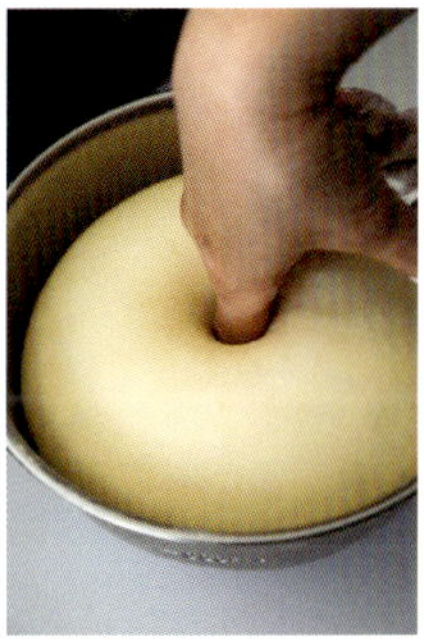
Q

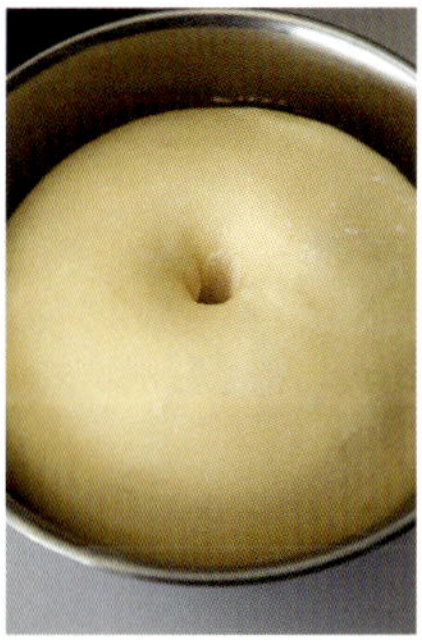
R

MEMO

フードプロセッサーは、替え刃であるドゥブレードを使用。

ドゥブレードがなければ、普通の刃でもできるが、生地を取り出すときに注意を。

パン生地はすべて粉類250gに対して、塩5g、ドライイースト5g、水分175mℓが基本。粉の種類を替えたりしてバリエーションを楽しんで。

◉ 型を準備する

7　型にオーブンペーパーをしく。ずれないように端をクリップで留める(S)。

◉ 成形する

8　生地をボウルから取り出し、細長い形にまとめる。包丁で9等分にしてから、それぞれ空気を抜くようにして表面がつるんとなるように丸くまとめ、型の中に均等に並べる(T～V)。

◉ 二次発酵させる

9　生地にたっぷり霧吹きをしてからラップをかけ、二次発酵させる。全部が膨らみ、くっつき合うのが発酵完了の目安(W～X)。

◉ 焼く

10　4で残しておいた卵液をハケで生地の表面に塗り、白ごまをふる。180度のオーブンで15分焼く(Y～Z)。

S

◉ 型を準備する

T

◉ 成形する

U

V

W

◉ 二次発酵させる

X

Y

◉ 焼く

Z

POINT

★5オーブンの温度と焼き時間はあくまでも目安。自分のオーブンのクセにより、調整しましょう。

MEMO

型にしくオーブンペーパーは、端をクリップで留めると安定する。

ハンバーガー用バンズ

材料と作り方(6個分)

[基本のパン]バンズと同じ分量の材料で、作り方6までと同様に生地を作る。ボウルから取り出して6等分にし、1つずつ丸める。オーブンペーパーをしいた天板に並べ、霧吹きをたっぷりしてからラップをかける。それぞれ2倍ほどに膨らめば、発酵は完了。卵液の残りをハケで生地の表面に塗り、白ごまをふる。180度のオーブンで15分焼く。

バゲット

材料(約30cm２本分)

粉類
- 強力粉　235g
- 全粒粉　15g

ドライイースト　5g
はちみつ　小さじ2
オリーブオイル　大さじ1
湯(約45度)　175mℓ
- a 50mℓ(イースト用)
- b 125mℓ(こねる用)

塩　5g

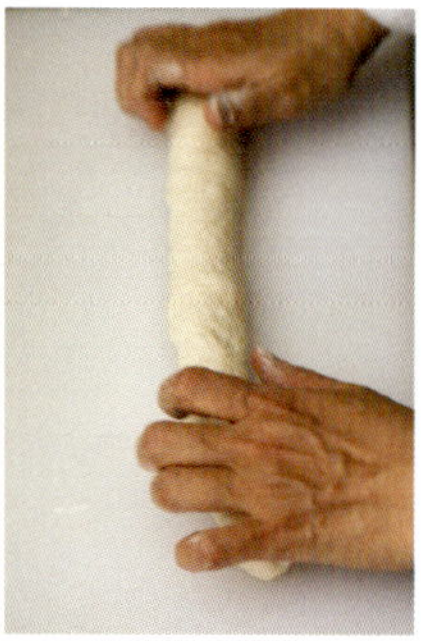
A
○成形する

B
○二次発酵させる

C

D
○焼く

E

F

作り方

★P52の[基本のパン]バンズの作り方1〜6を参照して、パン生地を作る(卵液の代わりにbのこねる用125mℓの湯とオリーブオイルを使う。

○成形する

7　生地をボウルから取り出し、空気を抜くようにしながら棒状にまとめて、2つに分ける(写真A)。

8　転がしながら、それぞれ約30cm長さのバゲット形に整える。オーブンペーパーをしいた天板にのせる。

○二次発酵させる

9　ラップをかけて二次発酵させる。約1.3倍に膨らんだら、全粒粉を1本に対して大さじ1(分量外)ふり、なじませる(B〜C)。

○焼く

10　よく切れる包丁を濡らし、生地の表面にななめの線を数ヵ所入れる(D)。

11　生地にたっぷり霧吹きをして、230度のオーブンで8分焼く。その後180度に落とし、さらに17分焼く(E〜F)。

C

B ○二次発酵させて焼く

A ○成形する

ライ麦パン

材料(約22×13cmの楕円形1個分)

粉類
- 強力粉　150g
- 全粒粉　50g
- ライ麦粉　50g

ドライイースト　5g

はちみつ　大さじ1

無塩バター　20g

オートミール　適量

湯(約45度)　175mℓ
- a 50mℓ(イースト用)
- b 125mℓ(こねる用)

塩　5g

作り方

★P52の[基本のパン]バンズの作り方 **1** 〜 **6** を参照して、パン生地を作る(卵液の代わりに室温に戻した無塩バターとbの湯を混ぜたものを使う)。

○成形する

7　生地をボウルから取り出し、空気を抜くようにして15×8cmくらいの長方形にまとめ、オーブンペーパーをしいた天板にのせる(写真A)。

○二次発酵させて焼く

8　ラップをかけて二次発酵させる。約1.3倍に膨らんだら、生地の表面にたっぷりと霧を吹き、オートミールをのせて190度のオーブンで25分焼く(B〜C)。

食パン

材料(18.7×9.5×9.5cmのパン型1台分)

強力粉　250g

ドライイースト　5g

はちみつ　大さじ1

オリーブオイル　大さじ1

湯(約45度)　175mℓ
- a 50mℓ(イースト用)
- b 125mℓ(こねる用)

塩　5g

作り方

★P52の[基本のパン]バンズの作り方 **1** 〜 **6** を参照して、パン生地を作る(卵液の代わりにbのこねる用125mℓの湯とオリーブオイルを合わせたものを使う)。

7　生地をボウルから取り出し、2等分にして空気を抜くように1つずつ丸める。オーブンペーパーをしいた型に2つの生地を入れる。

8　表面に霧を吹き、ラップをかけて二次発酵させる。型の8割ほどまで膨らんだら、ふたをして190度のオーブンで25分焼く。

イングリッシュマフィン

材料(直径約８㎝７個分)

強力粉　250g
ドライイースト　５g
はちみつ　大さじ１
卵液
　卵　１個
　牛乳　100mℓ
　無塩バター　30g
コーングリッツ　15g
湯(約45度)　50mℓ(イースト用)
塩　５g

作り方

★P52の[基本のパン]バンズの作り方１～６を参照して、パン生地を作る。

○成形する

7　生地を７等分にして１つずつ丸める。コーングリッツに生地の両面をしっかり押しつける(写真A～D)。

○二次発酵させる

8　オーブンペーパーをしいた天板の上に間隔をあけてのせる。霧吹きをしてラップをし、30分ほどおいて二次発酵させる(E～F)。

○焼く

9　ラップの上から押してみて、フワフワのマシュマロのような質感になればOK。フライパンを弱火にかけ、両面を約３分ずつきつね色になるまで焼く(G～H)。

10　180度のオーブンで３分焼く(I)。

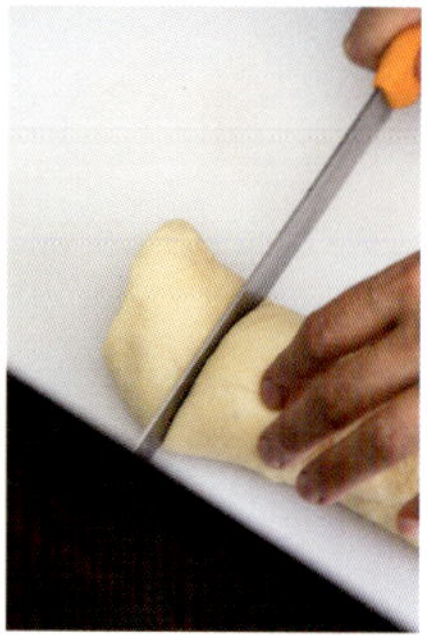
A

B

C

○成形する

D

D

F

○二次発酵させる

G

H

I

○焼く

おいしさのバリエーションが、どんどん広がる
パンがあれば

おいしいパンが焼けたら、ビスポークのメニューの中でも人気の高い、パンを使ったメニューにもぜひトライを。

まずは定番の二品から。スモークサバのリエットはロングセラーの人気メニュー。燻製の風味がお酒にぴったりです。鶏レバーのムースは、てんこ盛り！というくらいにのせて。ドライトマト&ブリーのカナッペは、イギリスでよくあるサンドイッチのアレンジ。最初はあまりのシンプルさにびっくりされるものの、一度食べると納得の味わいなのが、きゅうりとミントだけのサンド。

そしてグリルチーズサンドは、『シェフ』という映画を観たお客さまの「あのサンドが食べたい！」という声にお応えした一品です。

スモークサバのリエット

材料(作りやすい分量)

サバのスモーク(下記参照)　２枚
ケイパー　大さじ１
無塩バター　45g
a ディジョンマスタード　小さじ１
　レモンの絞り汁　大さじ½〜１
　オリーブオイル　大さじ１
　黒こしょう　少々

作り方

1　無塩バターは室温にもどす。ケイパーはみじん切りにする。
2　サバは、皮と骨、血合い部分を除いて粗くほぐし、ボウルに入れる。**1**、a を加えて混ぜる。

MEMO
できたてはもちろん、冷やしてもおいしい。
冷蔵庫で約５日間保存可能。
お好みのパンにのせ、ディルをのせる。

サバのスモーク

材料と作り方(１尾分)

1　二枚おろしのサバ１尾分は、身側にのみ塩小さじ２をふり、ラップをせずに冷蔵庫に30分おく。
2　出てきた水気と塩を流水で洗い流したら、キッチンペーパーでくるみ、さらに冷蔵庫で30分おく。
3　Ｐ32を参照して燻製の準備をする。網に皮目を上にしてのせ、10〜12分燻す。

MEMO
チップはウイスキーオークがおすすめ。リエットにする場合は熱いうちに皮と骨を取り除く。冷めると身離れが悪くなる。

火を入れすぎないことが キレイな色みの秘訣

鶏レバーのムース

材料(作りやすい分量)

鶏レバー　180～200g

★銘柄鶏のものがおすすめ。

玉ねぎ　¼個

にんにく　½かけ

油　大さじ1

a 生クリーム　50mℓ

　無塩バター　30g

　はちみつ　大さじ1

　塩　少々

ダークラム　大さじ2

作り方

1　鶏レバーは白い筋や血のかたまりを取り除き、2㎝角に切る。流水に2～3分さらして臭みを取り、ざるにとって水気をよくきる。

2　玉ねぎは半分に切ってから薄切りに。にんにくも薄切りにする。フライパンに油をひき、弱火で炒める。

3　玉ねぎがしんなりしたら、レバーを加えて中火にする。レバーに8割ほど火が通ったらラムを加え、アルコール分を飛ばしてから、火を止める。

4　**3**をミキサーに入れ、aを加えて攪拌《かくはん》する。なめらかになったら容器に移し、ラップでぴったり覆って冷蔵庫で冷やす。

POINT

★1 玉ねぎとにんにくは焦げないよう、必ず弱火で炒める。

★2 レバーは、中がほんのりピンク色になればOK。火を通しすぎないのがキレイな色に仕上がるコツ。

★3 攪拌は、なめらかになれば十分。混ぜすぎると色が変わるので注意。

MEMO

冷蔵庫で約3日間保存可能。

お好みのパンにのせ、カイエンヌペッパーとマルドンの塩をふって食べる。

凝縮したうまみのトマトと
とろけるブリーは絶品！

セミドライトマトと
ブリーのカナッペ

材料（2人分）

バゲット（P56参照）　2枚
ブリーチーズ　厚切り2切れ
セミドライトマト（右記参照）　8個
マルドンの塩　適量
オリーブオイル　適量

作り方

1　ブリーチーズは室温にもどす。バゲット1枚につき、チーズ1切れ、ドライトマト4個をのせる。

2　オリーブオイルと塩をふる。

MEMO

バゲットは1.5cmくらいの厚さがおすすめ。

セミドライトマト

材料と作り方
（作りやすい分量）

1　チェリートマト2～3パックはボウルに入れて洗い、ヘタを取って半分に切る。オーブンペーパーを広げた天板に、切り口を上にしておく。

2　100度のオーブンで50～60分（小さめなら45分）焼く。焼きすぎると皮が硬くなるので、柔らかさが少し残る程度に仕上げる。

3　オーブンから取り出し、粗熱が取れたらエルブドプロヴァンス（乾燥）をふる。

MEMO

冷蔵庫で約1週間保存可能。

このサンドを食べた誰もが
きゅうりとミントの相性に開眼

グラスホッパー（きゅうりサンド）

材料（2人分）

ライ麦パン（P57参照）　4枚
きゅうり　1本
ミント　3～4茎
レモンの絞り汁　少々
粒マスタード（P69参照）　小さじ3
マルドンの塩　少々

作り方

1　パンの片面にのみ、粒マスタードを塗る。

2　きゅうりはピーラーで縦にスライスし、パン1組につき3～4枚をふんわり丸めながらマスタードの上にのせる。ミントは葉を茎からはずし、きゅうりの上にのせる。

3　レモンの絞り汁をかけてから塩をふり、もう1枚のパンで挟む。

MEMO

パンは1.5cmくらいの厚さがおすすめ。
きゅうりは、昔ながらの四川《すうよう》きゅうりを。

お客さんとの会話から生まれた映画のワンシーンの味

グリルチーズサンド

材料（２人分）

食パン（P57参照）　４枚
ホワイトチェダーチーズ、レッドチェダーチーズ、グリュイエールチーズ　各50g
有塩バター　大さじ２

作り方

1　チーズはそれぞれ薄切りにして室温にもどす。有塩バターも室温にもどす。

2　食パンに３種のチーズを挟む。片方の表面にバターの½量を塗り、塗った面を下にしてフライパンに入れる。きつね色に色づいたら、もう一方の面に残りのバターを塗り、ひっくり返す。

3　水少々（分量外）をパンの周囲に注ぎ入れ、ふたをして弱火で焼く。両面が色づき、チーズが流れ出てくるようになったら取り出し、２つに切り分けて器に盛る。

MEMO

パンは1cm強くらいの厚さがおすすめ。

調味料こそ自家製で

ケチャップ

ホースラディッシュドレッシング

赤ワインビネガードレッシング

マヨネーズこそ以前から作っていましたが、本格的に調味料の自家製にこだわるようになったのは、ケチャップを作った時から。市販品の甘い感じが自分の作る料理にはどうも合わない……と思い、ならば作ってしまおう、と。甘すぎない大人のケチャップが完成してからは、ほかの調味料もすっかり自分で作るようになりました。なんといっても素材の味がしっかり出ておいしいし、保存料や着色料などが入っていないので安心です。

ケチャップは余計な甘みのない、料理に合わせやすい味。あっという間に作れるので、ぜひトライしてほしいもののひとつです。ホースラディッシュドレッシングは、もはやコツもないくらい簡単。ただ混ぜるだけなのにちょっとお洒落な印象になるのも、いいところ。パリのビストロで使われるドレッシングをイメージしてできたのが、赤ワインビネガードレッシング。タラゴンはあるとないでは大違いなので、ぜひとも入れてみてください。

すっきりした味わいのマヨネーズは、加える酸味をお酢ではなく、レモンで作るのがポイントです。

粒マスタードは、そんなものまで作るの？と思われるかもしれませんが、手作りだとさわやかな刺激がダイレクトに出るため、一度作るとやみつきになる人も多いんです。そしてアップルマスタードは、これだけで食べてもおいしいと思える甘辛のベストバランス。酸味のあるりんごを見つけて、ぜひ作ってみてください。

マヨネーズ

粒マスタード

アップルマスタード

レモンの酸味でさわやかに

マヨネーズ

材料(作りやすい分量／カップ2)

卵黄　2個分
ディジョンマスタード　大さじ1
レモンの絞り汁　½個分
油　300mℓ
塩　小さじ1

作り方

1　ボウルに卵黄、マスタード、塩を入れ、ハンドミキサーまたは泡立て器で白っぽくもったりとなるまでよく混ぜる。

2　**1**に、油大さじ1程度を加えてよく混ぜる。しっかりなじんで乳化したら、残りの油も少しずつ加え、混ぜていく。

3　**2**が白っぽくなり固まってきたらレモンの絞り汁を加え混ぜ、味を調える。

POINT

★1 材料は室温にもどしておくとよい。
★2 油はひまわり油などがクセが少なくすっきり仕上がる。

MEMO

保存の目安は、冷蔵庫で約1週間。

オールスパイスを効かせた大人のケチャップ

ケチャップ

材料(作りやすい分量／カップ2)

トマト缶(カットタイプ)　1缶(400g)
玉ねぎ　小1個
にんにく　1かけ
油　大さじ1
a トマトペースト　大さじ1
　赤ワインビネガー　大さじ1
　オールスパイス　小さじ1
　三温糖　大さじ3
　塩　小さじ2

作り方

1　玉ねぎは半分に切ってから薄切りにする。にんにくは包丁でつぶす。小さめの鍋に油を入れ、弱火で炒める。

2　玉ねぎが色づいたらトマト缶を加え、弱火で5分ほど煮込む。

3　**2**をブレンダーでなめらかになるまで攪拌《かくはん》する。aを加え、よく混ぜ合わせる。

MEMO

保存の目安は、冷蔵庫で約1ヵ月。

目指したのはパリのビストロの味

赤ワインビネガードレッシング

材料(作りやすい分量／カップ2)

赤ワインビネガー　50mℓ
a タラゴンの酢漬け　1枝分
　グラニュー糖　小さじ½
　黒こしょう　少々
　塩　小さじ½
油　350mℓ

作り方

1　タラゴンの酢漬けはみじん切りにする。

2　ボウルに赤ワインビネガーを入れ、aを加えて混ぜ合わせる。グラニュー糖と塩が溶けたら、油を加えてよく混ぜる。

POINT

油はひまわり油がクセがなくおすすめ。

MEMO

保存の目安は、冷蔵庫で約1ヵ月。
タラゴンの酢漬けは、マリネやピクルス、タルタルソースなどにも(写真右)。ないときは、油を300mℓに減らして作る。

ぴりりとしたホースラディッシュがクセに

ホースラディッシュ ドレッシング

材料(作りやすい分量／カップ½)

プレーンヨーグルト　100mℓ
ホースラディッシュ(チューブタイプ)　大さじ1
レモンの絞り汁　小さじ1
塩　ひとつまみ

作り方

ボウルにすべての材料を入れ、よく混ぜ合わせる。

MEMO

魚の燻製やローストビーフによく合う。
保存の目安は、冷蔵庫で約1週間。

フレッシュな刺激は自家製ならでは

粒マスタード

材料(作りやすい分量／カップ½)

ブラウンマスタードシード　25g
イエローマスタードシード　25g
白ワインビネガー　30mℓ
アップルビネガー　30mℓ
三温糖　大さじ1
塩　小さじ⅓

作り方

1　ビネガー以外の材料をミキサーまたはブレンダーに入れて混ぜる。お好みの粒の残り加減で止める。
2　1とビネガー２種を密閉できる保存容器に入れて混ぜ合わせ、２週間ほど冷蔵庫において熟成させる。

MEMO

保存の目安は、冷蔵庫で約３ヵ月。

フルーティな甘酸っぱさは豚肉料理のお供に

アップルマスタード

材料(作りやすい分量／カップ1½)

りんご　3個
a グラニュー糖　大さじ1
　レモンの絞り汁　大さじ1
　水　大さじ2
粒マスタード(上記参照)　大さじ2

作り方

1　りんごは皮をむいて芯を取り除き、いちょう切りにする。鍋に入れてaを加え、弱火で８〜10分煮る。
2　ブレンダーで好みの粗さになるまで攪拌する。冷めたら、粒マスタードを加えて混ぜ合わせる。

MEMO

りんごは紅玉が最適。夏ならニュージーランド産のJAZZがおすすめ。
保存の目安は、冷蔵庫で約２週間。

とことんおいしい！のために

手間ひまかけて、究極のおいしさを作ろう

ビスポークのメニューで多いのは、フィッシュ＆チップスやソーセージ＆マッシュ、シンプルなサラダにスープといった、いわゆる〝コンフォートフード〟。主に家庭料理など、その地で愛されているものを指します。私自身、おしゃれでフォーマルな料理より、食べてほっとするような料理が好き。そしてイギリスにいて好きだったものの多くは、家庭料理やストリートフードでした。

皆が大好きなピザやハンバーガーも、ジャンルでいえばコンフォートフードですが、昨今はそういった味が「ジャンク」「体に悪い」なんてみなされることも多いですよね。でも、ハンバーガーだってピザだって、ちゃんとした素材を使って、きちんと自家製すれば、決して悪いものではないはず。いいパンに、質のいい牛肉と新鮮な野菜を挟んだだけならば、確かにカロリーはちょっと高いかもしれないけれど、おいしくて栄養はたっぷり。そうなれば、心から楽しんで食べられますよね。

もちろんそのためには、ある程度の時間はかかります。ハンバーガーだって、バンズからパティまで作っていたら半日がかり。でも、すべてを自分で作るからこそ、どこまでも好みが追求できる。手間ひまかけて自分だけの味ができた時、その喜びははかり知れません。

ここでは、本来シンプルなサンドイッチやハンバーガーを究極の一品に仕上げるレシピをご紹介します。

Tojiro-Pro

○牛肉100%で作るパティからケチャップまで

パーフェクトバーガー

日本同様、イギリスでも素材と味にこだわったハンバーガーが大人気。今やどこのレストランでも供されています。牛肉とチーズのうまみをとことん味わってもらうために、具材をごくシンプルにするのがビスポーク流。パティはミディアムでジューシーさたっぷりに焼き上げれば、その名の通り〝完璧〟な味に！

A

○具材を準備する

B

○調味料を加えて成形する

C

D

○パティを焼く

E

F

○組み立てる

パーフェクトバーガー

材料（4個分）

バンズ（P54参照）　4個

肉類

- 牛赤身ひき肉　300g
- 牛赤身粗びき肉　100g

牛脂　30～40g

a はちみつ　大さじ1

- 塩　小さじ1½
- 黒こしょう　適量

トマト　1個

きゅうりのピクルス　2本

レッドチェダーチーズ　薄切り4枚

ケチャップ（P68参照）　適量

コールマンのマスタード　適量

油　大さじ1

作り方

○具材を準備する

1　チーズは室温にもどす。バンズは横半分に切って温めておく。トマトは8mm厚さの輪切りに（8枚作る）。きゅうりのピクルスは縦に切り、8枚にする（写真A）。

○調味料を加えて成形する

2　牛脂は細かく刻む。ボウルに肉類を入れ、牛脂とaを加える。手でざっくりと混ぜたら4等分し、丸いパティに成形する（B～C）。

○パティを焼く

3　フライパンを強火にかけ、煙が出るまで熱する。油をひいて2のパティを入れる。焼き目がついたら返し、チーズをのせる。水40～50mℓ（分量外）を入れ、ふたをして蒸し焼きにする（D～E）。

○組み立てる

4　バンズの下部分にトマトときゅうりのピクルスをのせ、チーズが溶けて焼き上がったパティを上にのせる。バンズの上部分にケチャップ、マスタードを塗って重ねる（F）。

POINT

肉はこねすぎないこと。ひとまとまりになればOK。

好きなものを朝からたっぷり食べられる幸せ

●イギリス式の朝ごはん

フル ブレックファスト

「ブレックファスト」という言葉が英語の中で一番好きだと思うくらい、朝ごはんが大好き。焼いたトマトの甘さ、食べるほどクセになるベイクドビーンズ……。イギリスではじめて“正式”な朝食を食べた時の感激は、今でも忘れられません。卵は半熟がいいとか、自分好みにカスタマイズできるところも好きですね。

この一皿は、すべてのアイテムを自家製して詰め込んだ、私にとっての夢の一皿です。

フル ブレックファスト

作り方

スクランブルエッグ、ベーコン＆ソーセージ、トマト＆マッシュルームのソテー、ベイクドビーンズ(P76参照)を器に盛りつける。トーストとミルクティー、バターやジャムをお好みで添える。

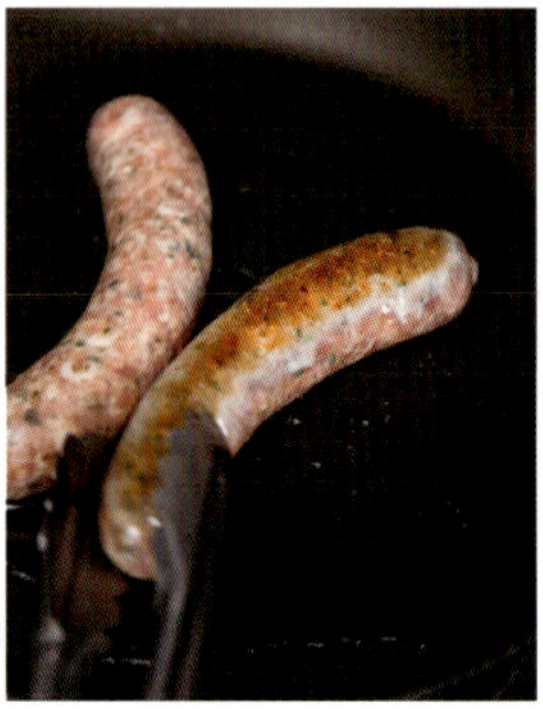

ふんわりとろっな仕上がりを目指して

スクランブルエッグ

材料(2人分)

卵　4個

生クリーム　100mℓ

油　大さじ3

作り方

1　ボウルに卵と生クリームを入れ、泡立て器でよく混ぜる。

2　フライパンを強火にかけ、油をひく。油が温まったら卵液を入れ、そのまま触らずに10秒ほどおく。

3　周囲が固まってきたら、端の部分をフライ返しで真ん中に寄せ、八分ほど火が通ったところで火を止める。

ベーコンの脂で焼くことで、野菜の味わいが倍増！

ベーコン＆ソーセージ
トマト＆マッシュルームのソテー

材料(2人分)

ベーコン(P40参照)　薄切り2枚

ソーセージ(P12参照)　2本

トマト　小2個

マッシュルーム　6個

作り方

1　トマトとマッシュルームは、それぞれ半分に切る。

2　ソーセージは弱火で7〜8分ほど焼く。同じフライパンでベーコンをカリカリになるまで弱〜中火で焼く。

3　フライパンはそのまま洗わず、ベーコンから出た脂で、トマトとマッシュルームを中火で焼く。それぞれ焼き色がついたらOK。

どこか懐かしい味わいの豆料理

ベイクドビーンズ

材料(作りやすい分量／カップ2)

白いんげん豆の缶詰　1缶(240g)

トマト缶(カットタイプ)　½缶(200g)

グラニュー糖　大さじ2

塩　小さじ½

作り方

1　白いんげん豆はざるにあけて洗う。トマト缶はミキサーにかけてなめらかにする。

2　鍋に**1**を入れ、グラニュー糖、塩を加えて弱火にかける。ややとろみがつくまで煮る。

英国気分を盛り上げる

ビスポークのデザイン

私が自家製を始めるようになったのは、芸術家であった父の影響が大きいかもしれません。画家でディスプレイデザイナーの仕事もしていた父は〝ないものは作ればいい〟という主義でした。たとえば、「この隅に鞄を置く棚がほしい」となっても、私が子供の頃は、そんな都合のいいものはなかなか売っていません。でも父は「諦めることはない。売ってないなら作ろう」と言って、週末はいつも日曜大工。そんな家庭で育ったので〝ないものは作る〟という考え方が、自然と植えつけられたのだと思います。

実はその〝自家製マインド〟、店自体を作る時にも役立ちました。店の建つ通りは、私にとってロンドンのソーホーというエリアを思い出させる、ちょっと雑多でさびれた風情がよい、前から目を付けていた場所。タイミングよく物件の空きがあると聞いて行ったところ、ここなら自分の思う店ができる、と確信。物件の写真を見ながら、その日のうちに店のイメージスケッチを書き上げていました。予算が限られていたので、店の内装やインテリアなど、できるところは全部自分で。壁の漆喰からペンキ、ニスまで、すべていとこと一緒に塗りました。シャンデリアやドアノブなども、あちこち見て回って、すべて自分たちで選んだのです。

一番こだわったのは、外観のファサードとカウンターです。「まるでここはロンドン？」という店構えにすれば、説明や宣伝はいらないと考えたのです。また、カウンターはゆったりと食事をしてもらうため、奥行きを広くしました。

施工をお願いしたい方はずっと前から考えていました。青山にユニオンワークスという靴の修理店があり、その店構えがビスポークのイメージそのものだったのです。そして幸運にも、その方と巡り会うことができました。

以前ロンドンに行った際、「こんな外観にしたい！」と思った『ミセス マレンゴ』という店があり、その写真を打ち合わせの時にお見せしました。するとユニオンワークスのオーナーの方も、同じ店を参考にしていたと聞いてびっくり。そんな偶然もあって意気投合し、施工を引き受けてくださったのです。

オープン当初はお客さまから「こんなお店をなぜ東中野に？中目黒とかではなく？」と何度も聞かれました。でも私はこの街のこの通りだからこそ、私の大好きなロンドン、ソーホーの風景を再現できたのではないかな、と思っています。

ハムからアップルマスタードまで

イングリッシュマフィンのハムサンド

イングリッシュマフィンとハムが自家製で作れるようになり、このサンドイッチを思いつきました。何かもうひとつアクセントを添えたいと思った際、塩気のあるハムにアップルマスタードがぴたり！ ときたのです。1個食べたお客さまから「やっぱりもう1個」と追加のオーダーも多い、自慢の一品です。

A

B

C

下味をつける

D

E

F

ゆでる

ハム

材料(作りやすい分量)

豚ももロース肉　500g

a 三温糖　25g

水　50mℓ

オリーブオイル　大さじ1

塩　50g

作り方

下味をつける

1　ポリ袋に豚肉を入れ、aを加えて全体になじませる。そのまま冷蔵庫で一晩おく(写真A～C)。

ゆでる

2　大きな鍋にたっぷりの水を入れて80度まで熱し、取り出した豚肉を入れ、弱火で50分ほどゆでる。芯温70度が仕上がりの目安。温度計があれば測って確認を(D～E)。

3　器に取り出し、ラップをして自然に冷ます(F)。

POINT

★1 煮立てると肉が硬くなってしまうので、湯は沸騰させず、常に弱火で。

★2 ゆでている間に水が減った場合は水を足す。肉が常に湯に浸っているようにすること。

MEMO

豚ももロース肉は、できればしんたま(内もも下部分)を使うのがおすすめ。

イングリッシュマフィンの
ハムサンド

作り方（2人分）

1　イングリッシュマフィン（P58参照）2個は横半分に切り、軽く色づくまで焼く。ハムは薄く切る。

2　マフィンの切り口にバターを塗り、たっぷりハムを挟む。アップルマスタード（P69参照）を添える。

●具材とルウを別立てで作る

バターチキンカレー

本当を言うとこのレシピはご紹介する予定ではなかったのです。世の中には本格カレーのお店もレシピもたくさんありますし、わざわざ出す必要はないかなと……。ところが、この本のデザイナーさんがお店に打ち合わせにいらした際にこのカレーをお出ししたところ、「なんでこれを載せないの？」と質問攻めにあい（笑）、登場させることになりました。

レシピを考案した際に目指したのは、よく通っていたインド料理店の味。そこのバターチキンが大好きで、その味を追求すべく、いろいろなスパイスやカレー粉を試した末に辿り着いたのがS&Bの赤缶。日本人の思う「カレー感」が出るフェネグリークがきいていて、香りのバランスが非常にいいんです。

バターチキンカレー

作り方

器にサフランライスとバターチキンカレーを盛り、お好みで生クリームをかけ、刻んだイタリアンパセリをのせる。

MEMO

より辛くしたい人は、最後にカイエンヌペッパーを足しても。

サフランライス

材料（4人分）

ジャスミンライス　2合（160g）
サフラン　ひとつまみ
塩　ひとつまみ

作り方

1　米は優しくとぎ、水を2回替える。
2　炊飯器に入れ、2合の目盛りまで水を加え、サフランと塩を加えて炊く。

MEMO

ジャスミンライスがなければ、白米でＯＫ。

バターチキンカレー

材料(4人分)

鶏のマリネグリル

鶏もも肉　2枚(約500g)
にんにく　2かけ
しょうが　大1かけ
a プレーンヨーグルト　大さじ4
　レモンの絞り汁　½個分
　カレー粉　小さじ2
　カイエンヌペッパー　小さじ¼
　スイートパプリカパウダー　小さじ¼
　オリーブオイル　大さじ1
　黒こしょう　小さじ½
　塩　小さじ2

カレールウ

玉ねぎ　2個
b トマト缶(カットタイプ)　1缶(400g)
　ココナッツミルク缶　1缶(400g)
　トマトペースト　大さじ1
無塩バター　10g
赤唐辛子　1本
カルダモン　3〜4粒
クミンシード　小さじ1
シナモンスティック　½本
ローリエ　1枚
油　大さじ3
塩　ひとつまみ

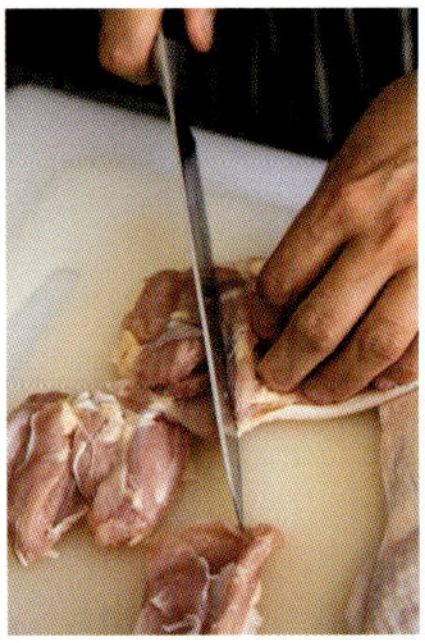
A

● 肉の下ごしらえ

B

C

● 調味料を加えてマリネ

D

E

F

G

● 肉を焼く

H

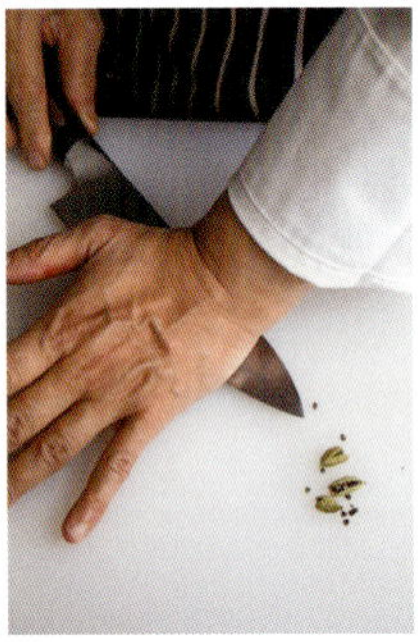
I

● カレールウを作る

作り方

● 肉の下ごしらえ

1　鶏もも肉はひと口大に切り、バットに入れる。にんにくはガーリッククラッシャーでつぶし(ない場合はみじん切りにする)、しょうがも同様につぶして鶏肉に加える(写真A～B)。

● 調味料を加えてマリネ

2　1にaをすべて加えてよく混ぜ、ラップをして冷蔵庫で2時間以上(一晩までOK)おいてマリネする(C～F)。

● 肉を焼く

3　冷蔵庫から取り出し、185度のオーブンで15分焼く(G～H)。

● カレールウを作る

4　玉ねぎは半分に切ってから、薄切りにする。カルダモンは包丁でつぶし、種だけを取り出す(I)。

5　鍋に油と赤唐辛子、カルダモンの種、クミンシードを入れて弱火にかける。スパイスがパチパチと弾けてきたら、玉ねぎと無塩バター、塩を加えて中火にし、さらに炒める(J～K)。

6　玉ねぎがしんなりして薄く色づいたらbを加えてよく混ぜ、ブレンダーでなめらかになるまで攪拌《かくはん》する(L～O)。

● 肉と合わせて仕上げ

7　3で焼いた鶏肉を液ごと加える。シナモンスティックとローリエを加え、弱火で15～20分煮込む。味をみて塩加減を調える(P～R)。

J

K

L

M

N

O

P

● 肉と合わせて仕上げ

Q

R

MEMO

ブレンダーがなければ、いったん取り出して、ミキサーにかけるとよい。

スパイシーな味わいがお好みであれば、仕上げにカレー粉を一ふり加える。

スタッフィングからソースまで

ローストチキン

クリスマス定番のチキンも、手作りするほうが断然おいしい。イギリスでは日曜日に丸鶏やターキーを焼いて食べ、翌日は残った肉をサラダやサンドイッチにし、最後はガラでスープを取るという、そのムダのなさも魅力です。クリスマスにはぜひグレイビーとクランベリーソースとともにお試しを。

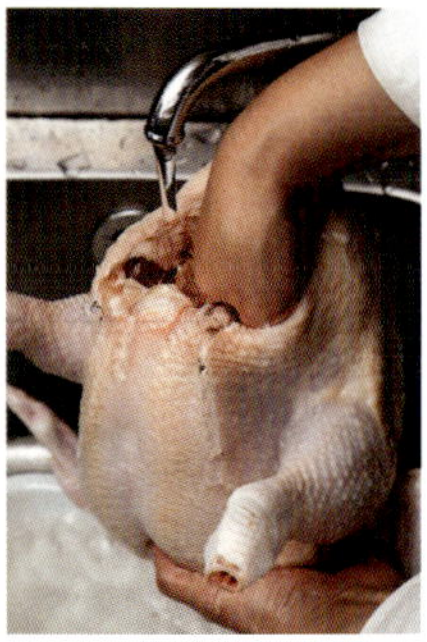
A

● 鶏を洗う

B

● 鶏に詰める

C

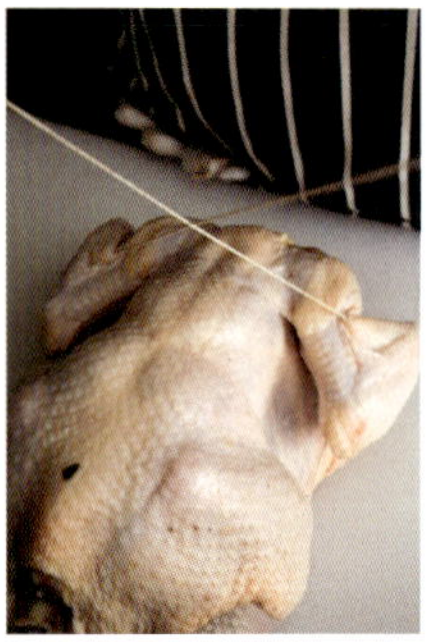
D

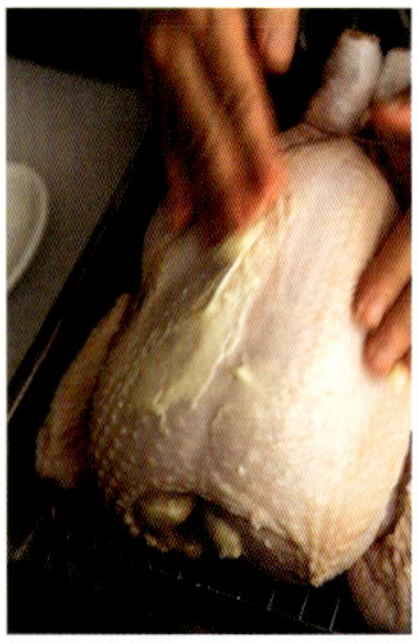
E

● 鶏を焼く

F

ローストチキン

材料（4人分）

丸鶏　約2kg

レモン　1個

皮つきにんにく　大2かけ

ローズマリー　5茎

有塩バター　適量

塩　小さじ2

作り方

● 鶏を洗う

1　鶏は外側、内側ともに流水でよく洗う。よく水気をきり、キッチンペーパーで表面の水分をふき取る（写真A）。

● 鶏に詰める

2　鶏のお腹の中に塩小さじ½（分量外）、半分に切ったレモン、皮つきのままのにんにく、ローズマリーを詰める（B）。

3　凧糸約1mで後ろ足を揃えてしばり、**2**で具材を入れた口が閉じるようにする（C～D）。

● 鶏を焼く

4　天板に網をのせて肉をおき、有塩バターを表面全体にたっぷりと塗る。その上から塩を全体にまぶす。手羽先部分は焦げやすいので、腹の下側に入れ込む（E）。

5　天板に水150mℓを張り、220度のオーブンで50分ほど焼く。

6　皮がこんがりとなり、ももの付け根部分に温度計をさして74度になっていれば焼き上がり。オーブンから取り出し、室温において落ち着かせる（F）。

MEMO

中まで火が通ったかはわかりにくいので、温度計で確認するのが確実。

残った肉は、ほぐして角切りきゅうりとカレー粉、マヨネーズ、レモンであえた「コロネーションサラダ」や、クランベリーソース、マヨネーズと合わせたサンドイッチにしても。

詰めないことで、香ばしく歯ごたえよく

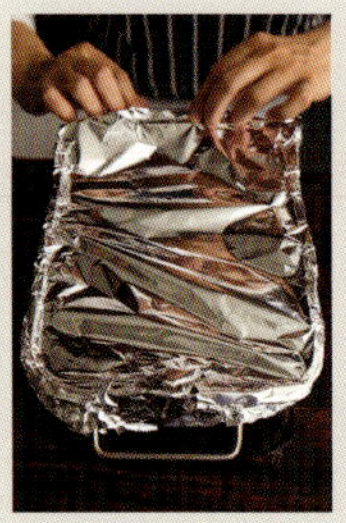

スタッフィング

材料(作りやすい分量／
20×30cmの耐熱容器 1 台分)
バゲット　1本
玉ねぎ　1個
セージ　10枚
チキンストック(またはチキンキューブを湯で溶かす)　200mℓ
有塩バター　20g
塩、黒こしょう　各少々

作り方

1　玉ねぎは粗みじん切り、セージは細かいみじん切りにする。バゲットは皮を除き、2cm角に切る。

2　フライパンに有塩バターを入れ、**1**の玉ねぎをしんなりするまで中火で炒める。

3　**1**のバゲットを耐熱容器に入れ、セージ、炒めた玉ねぎを加えて全体をざっと混ぜる。塩、こしょうをする。

4　バゲットがひたひたになるまで温めたチキンストックを加える。

5　アルミホイルを被せ、190度のオーブンで15分焼く。アルミホイルをはずし、さらに15分ほど焼く。

MEMO

本来、スタッフィングは鶏の中に詰めるものですが、こちらはスタッフィングを別添えして食べる場合のレシピ。たっぷり食べられるので、お腹に詰めるよりもおすすめ。

つけ合わせ野菜ももちろんおいしく！

ローストポテト

材料と作り方(作りやすい分量)
じゃがいも　大4個
水　1.5ℓ
塩　大さじ1

1　じゃがいもは乱切りにしてボウルに入れ、水が透き通るまで流水にさらす。

2　鍋に水を入れて沸騰させ、塩とじゃがいもを加える。角が取れるくらい柔らかくなるまで中火でゆでる。

3　ざるにあけ、水気をきってから天板に入れてよくゆすり、粉ふき芋にする。

4　鶏をローストした際に出た脂分をスプーンですくい、大さじ2ほどかける。

5　240度のオーブンで8分焼く。

にんじん

材料と作り方(作りやすい分量)
にんじん　2本
水　400mℓ
塩　小さじ¼

1　にんじんは乱切りにし、水、塩と共に鍋に入れ、柔らかくなるまで中火で煮る。

2　ゆで上がったら取り出す(ゆで汁はグレイビーソースに利用するのでとっておく)。

ブロッコリー

材料と作り方(作りやすい分量)
ブロッコリー　1個
水　200mℓ
塩　小さじ¼

1　ブロッコリーは食べよい大きさに切る。

2　水に塩を入れて沸騰させ、ブロッコリーを入れてふたをし、強火で2分蒸し煮にする。ざるにあけて冷ます。

ローストチキンをカット

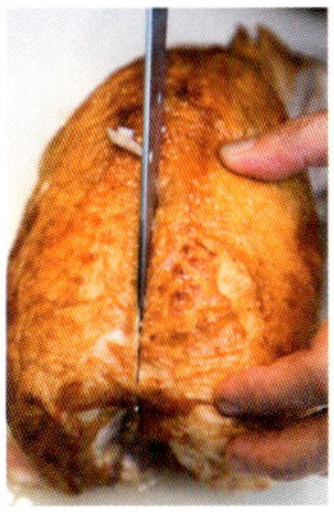

両ももの関節部分に包丁を入れて脚を切り離す。次に、手羽部分をカット。胴体部分は、中心の背骨に沿って包丁を入れ、胸肉をはがすように取り外す。胸肉はスライスして、手羽などと盛り合わせる。

伝統らしさはソースが決め手

クランベリーソース

材料と作り方(作りやすい分量)

冷凍クランベリー　300g

グラニュー糖　100g

水　150mℓ

1　冷凍クランベリーは洗い、水気をきる。鍋にグラニュー糖と水を入れ、強火にかける。

2　グラニュー糖が溶けたらクランベリーを加えて弱火にする。時々アクをすくいながら、クランベリーが柔らかくなり、とろみがつくまで15〜20分煮る。

グレイビーソース

材料と作り方(作りやすい分量)

にんじんのゆで汁(P86参照)　400mℓ

塩　小さじ1/3

1　ローストチキンで使った天板を利用する。余分な脂分を除いてから、にんじんのゆで汁を注ぐ。全体についた焦げをこそげ取るようにする。

2　鍋の上にざるをおき、キッチンペーパーをしいて **1** をこす。

3　鍋を弱火にかけ、5分ほど煮詰める。塩を加えて味を調える。

MEMO

鶏に詰めたレモンを仕上げに絞ると、さわやかな味になる。

当店、スイーツ目当てのお客さまも多いのです！

大人の甘いもの

「ビスポークでの愉しみ方は、お酒と料理だけにあらず」。実は甘いものも人気なのです。現在は日替わりで提供していますが、デザートをメニューに載せるようになってから、女性のお客さまが明らかに増えたなと思うほど。私にとってデザートとは、食事の最後に口にする、最も印象的で重要なものだと考えています。どんなにいい前菜とメインを食べても、デザートがおざなりだと、残念に感じてしまいがち。だからこそデザートには力を入れています。そのせいか、普段は甘いものよりお酒が好きという方でも、ここでは食べると言ってくださったり。友人のオーダーしたものをちょっと試して「あ、おいしい！」と追加が入る……なんてこともしょっちゅう。

ご紹介する4品も、当然ながらお酒に合う、大人にふさわしいスイーツを選びました。プリンは、深い苦みのあるカラメルとコアントローが入った甘い生地とのコントラストが大事なので、カラメルにはしっかり火を入れて。シーソルトブラウニーは、塩っけが特にワインと合い、お酒が進みすぎる味と言われます（笑）。バナナチーズケーキは、でき上がった時に「これはいい！」と自分でも思った自信作。ふんわり香るバナナの感じが、ほかにはない一品と自負しています。イギリスで人気のレモンメレンゲパイも、手間はかかりますが、それだけの甲斐のある味です。

4品それぞれおすすめのお酒をメモでご紹介しているので、ぜひ〝お酒×甘味〟のマリアージュも楽しんでみてください。

エスプレッソ級の苦カラメルが決め手

大人用プリン

材料(18×18cmの角型1台分)

卵　6個
牛乳　300mℓ
生クリーム(47%)　100mℓ
コアントロー　大さじ1
バニラビーンズ　½本
グラニュー糖　175g
　a 75g(カラメル用)
　b 80g(卵用)
　c 20g(牛乳用)
熱湯　100mℓ

作り方

1　カラメルを作る。小鍋の内側を水で濡らし、a のグラニュー糖を入れて中火にかける。

2　焦げ茶色になってきたら、分量の熱湯を少しずつ加え、鍋をゆすりながらカラメルをのばしていく。飴のように固まってくるので、すばやく行うこと。

3　湯せんにかけて温めておいた型の中に **2** を流し入れ、隅々まで行き渡らせる。全体に均一になったら、湯せんからはずして冷ます。

4　卵液を作る。ボウルに卵と b のグラニュー糖を入れ、泡立て器で空気を入れないよう、切るように混ぜる。

5　バニラビーンズはさやからビーンズをこそげ取る。鍋に牛乳、生クリーム、ビーンズとさや、c のグラニュー糖を入れ、弱火で60度まで温める。

6　**4** のボウルに **5** を加えたら、目の細かいざるで2度こす。コアントローを加える。

7　**6** を型に流し入れる。へらに当てながらゆっくりと注ぐ。

8　天板に型をおく。60度の湯を型の半分ほどの高さまで注ぎ入れ、150度のオーブンで25分焼く。

9　粗熱がとれたら、冷蔵庫で冷やす。型の周囲にナイフを入れてプリンをはずし、大きめの皿を上にのせ、ひっくり返して取り出す。

MEMO
ほろ苦さと甘さが絶妙なプリンに合うのは、シングルモルトのウイスキー。コアントローの香りをより引き立てます。

チョコレートを際立たせる塩の魔法

シーソルトブラウニー

材料(20×20cmの角型1台分)
製菓用ダークチョコレート
(カカオ55～65%) 150g
卵 3個
無塩バター 120g
a 薄力粉 60g
ココアパウダー 20g
ベーキングパウダー 5g
三温糖 150g
バニラエッセンス 少々
マルドンの塩 大さじ1

作り方

1 無塩バターは1cm角に切る。チョコレート(板状のものはカットしておく)と共にボウルに入れ、湯せんにかけて溶かす。

2 別のボウルに卵、三温糖を入れて混ぜ合わせる。**1** に加えてよく混ぜる。

3 a を合わせて **2** にふるい入れる。バニラエッセンスを加え、ゴムべらでさっくりと混ぜる。

4 オーブンペーパーを型にしき、**3** を流し込む。表面にマルドンの塩をふる。

5 160度のオーブンで25分焼く。

MEMO

チョコレートはチップタイプのものが溶けやすくておすすめ。

シーソルトブラウニーと特に相性がいいのは、ピノノワールの赤ワイン。果実みのある味わいがチョコレートのほろ苦さにぴったり。

驚きのなめらかさとバナナの風味

バナナチーズケーキ

材料(直径18cmの丸型／底が取れるタイプ1台分)

クリームチーズ　250g
バナナ　1本(120g)
卵　2個
生クリーム　100mℓ
a サワークリーム　50g
　薄力粉　7g
　コーンスターチ　7g
　グラニュー糖　150g
レモンの絞り汁　大さじ1
プレーンビスケット　15枚
無塩バター　15g
バニラエッセンス　少々

作り方

1　クリームチーズは3cm角に切る。耐熱容器に入れてラップをし、電子レンジに1分かけて柔らかくする。バナナはひと口大にちぎる。
2　クリームチーズをフードプロセッサーに入れ、a を加えて攪拌《かくはん》する。
3　**1** のバナナ、卵、生クリームを加えてさらに攪拌し、なめらかになったら目の細かいざるでこす。バニラエッセンス、レモンの絞り汁を加えて混ぜる。
4　ビスケットとバターをフードプロセッサーに入れて攪拌し、細かくなるまで砕く。型に無塩バター（分量外）を薄く塗り、ビスケットを底にしきつめ、コップの裏側などで押しつけて固める。
5　**3** をビスケット台の上に注ぎ入れる。アルミホイルで底を覆ってから、バットの中におき、熱湯を型の高さ半分くらいまで注ぐ。
6　180度のオーブンで20分、その後160度に落として15分焼く。
7　粗熱がとれたら、冷蔵庫で冷やす。

MEMO
オレンジスライスを入れたシェリーが最適。

レモンメレンゲパイ

（直径20cmのタルト型１台分）

パートシュクレ（土台）

材料

無塩バター　60g

a 薄力粉　125g

　パウダーシュガー　25g

　塩　ひとつまみ

卵黄　１個分

作り方

1　無塩バターは１cm角にカットし、フードプロセッサーに入れる。aを加え、もろもろとした状態になるまで攪拌《かくはん》する。

2　卵黄を加え、様子をみながら少しずつ、ひとまとまりになるまで攪拌する。ラップに包んで冷蔵庫に１時間以上おく。

3　**2**の生地を打ち粉（薄力粉／分量外）をしためん棒で３mm厚さにのばす。型にしきつめ、適度に間隔をあけながらフォークで穴を開ける。上にアルミホイルをしいて重しをのせる。

4　175度のオーブンで15分焼いたら、アルミホイルと重しをはずし、さらに５分焼く。

MEMO

重しがなければ、乾燥豆などを代わりに使ってもOK。

レモンカード（フィリング）

材料

卵黄　３個分

無塩バター　90g

レモンの絞り汁　90mℓ

レモンの皮（防かび剤不使用のもの）　½個分

コーンスターチ　10g

グラニュー糖　60g

作り方

1　レモンの皮をすりおろす。鍋に無塩バター以外の材料すべてを入れ、混ぜ合わせながら中火にかける。

2　とろみがついたら火から下ろし、1.5cm角に切った無塩バターを加え、混ぜ溶かす。

3　粗熱が取れたらパートシュクレの上に流し入れ、冷蔵庫で冷やし固める。

MEMO

レモンカードは、トーストやスコーンにのせてもおいしい。

イタリアンメレンゲ（デコレーション）

材料

卵白　３個分（90g）

グラニュー糖　150g

　a 30g（卵白用）

　b 120g（シロップ用）

水　60mℓ

バニラエッセンス　少々

作り方

1　水気をふき取ったボウルに卵白とaのグラニュー糖、バニラエッセンスを入れ、ハンドミキサーで九分立てまで泡立てる。

2　小鍋に水とbのグラニュー糖を入れ、120度まで煮立てる。

3　**1**に**2**を少しずつ加えながら、ボウルの底がぬるくなるまでハンドミキサーで泡立てる。

MEMO

しっかり泡立てたいので、ハンドミキサーを使うほうが失敗が少ない。

イタリアンメレンゲをゴムべらでレモンカードの上にのせ、角《つの》を立てる。200度のオーブンで１〜２分焼いて、好みの焼き色がついたら取り出す。

MEMO

仕上げはガスバーナーで焼き色をつけてもよい。

レモンメレンゲパイは、少し甘いスパークリングワインと合わせたい。レモンカードのフレッシュな酸味が引き立つ。

濃密なメレンゲと甘酸っぱいレモンカードの絶品コントラスト

手抜き料理では、得られないものがある――

本当においしいものは、時間がかかる

最近は、時短だったり、とにかく簡単！といった料理が人気です。確かに忙しい生活の中、日々の献立やお弁当を作るのは少しでも楽なほうがいい、という気持ちもわかります。でも、いい料理を作りたい、本当においしいものを食べたいと思った時には、やはり時間と手をかけることは必要だと思うのです。

私の中には今でも「あの時食べた、あの味」というものがずっと残っています。ロンドンで初めて食べた朝食、友人と分け合ったフィッシュ&チップス。あの味がもう一度食べたい、という思いから自家製を始めました。試行錯誤の末、自分だけのオリジナルが完成した時の達成感は言いようもありません。

自家製のいいところは〝自分好み〟をとことん追求できるところです。燻製のスモーク感をもっと出したい、なんてことも思いのまま。そしてどこにも売っていないものを作り出せる。その達成感は、一度味わうと「次はアレにトライしよう！」とばかりに、やみつきになる魅力があると思います。

BESPOQUE

東京都中野区東中野1-55-5 1F　TEL 03-5386-0172

ビスポークを開店してから6年が経とうとしています。私が建てた小さな店はたくさんの幸運を運んできました。この本を作ることができたのも、その一つです。

料理学校に通ったこともない私は、毎日ただひたすらに料理を作り続けてきました。それをこうしてレシピ本という形に残すことができ、とても光栄に思っています。また一つ、私の大きな財産となりました。

本書を制作するにあたり、多大なる尽力をいただいたスタッフの方々には、心より御礼を申し上げたいです。そして、何よりも感謝したいのは、ビスポークのお客さまです。震災から間もない時期のスタートという、ある意味どん底からの始まりだったこの店を一緒に作り上げてきた方々です。私にとっては、今夜食卓を共にし、楽しく過ごす仲間でもあります。私が作る料理にためらいなくトライし、評価してくれる彼らの存在があってこそ、ビスポークは進化し続けることができるのです。

私はこれからもこの場所で、ずっと自分の料理を作り続けていきたい。そう願っています。

そして、この本を手に取ってくださった方が、ここからご自身の「おいしい自家製」を見つけてくれたなら、これ以上の喜びはありません。

ビスポーク店主　野々下レイ

BESPOQUE

野々下 レイ Rei Nonoshita

ガストロパブ、BESPOQUE／ビスポーク店主。
大学卒業後、音楽を志しロンドンに留学。
現地で「イギリス料理」に魅了され、
方向転換することとなる。帰国したのち、
フランス料理店、カフェ、大使館等で勤務。
2012年、東京・東中野にビスポークをオープンする。
イギリスにインスパイアされた、
オリジナリティ溢れる料理は口コミで広まり、
イギリス大使館員はもとより、日本中から
おいしいもの好きが夜な夜な集う店となっている。

撮影・・・石井宏明
スタイリング・・・澤入美佳
取材・・・井筒麻三子
ブックデザイン・・・若山嘉代子 L'espace
撮影協力・・・アベクミコ
プロップス協力・・・UTUWA

講談社のお料理BOOK
おいしいもの好《ず》きが集《あつ》まる店《みせ》の
全《ぜん》部《ぶ》、自《じ》家《か》製《せい》

2017年11月7日 第1刷発行

著 者 野《の》々《の》下《した》 レイ

発行者 鈴木 哲
発行所 株式会社 講談社
東京都文京区音羽2-12-21 〒112-8001
電話 編集 03-5395-3529
販売 03-5395-3606
業務 03-5395-3615
印刷所 大日本印刷株式会社
製本所 株式会社若林製本工場

ISBN978-4-06-509105-0